歴史文化ライブラリー
458

渤海国とは何か

古畑 徹

JN256376

吉川弘文館

目　次

渤海国の「再発見」——プロローグ

1　渤海国の「再発見」

秋田美人のルーツ

「○○県人は××である」といった県民性の話題は、それなりの〝真実性〟と同じくらいの〝いいかげんさ〟が同居していて、飲み屋の与太話としてはけっこう面白い。だから県民性を前面に立てたバラエティ番組が人気を博し、長寿化しているのだろう。〝目からうろこ〟の面白さもあり、私もけっこう見ている。その番組を見ていて、あるとき思わず〝聞き捨てならない〟と思ったことがあった。

それは「秋田美人の謎」の回で、秋田に美人が多い理由を識者が解説した時のこと。正確な表現は忘れたが、理由の第一が、「秋田には古代に秋田城という交流拠点があり、そこに当時大陸にあった、中央アジア周辺の人々が多く住む渤海国《ぼっかいこく》から使者が来ていて、その血が混じったから」という説だった。もとからこういう説は知っていた。ただ、交流拠点での接触程度で遺伝子に大きな影響が出るはずもないから、普通ならいいかげんな与太話として聞き流せたのだが、聞き捨てならなかったのは、「中央アジア周辺の人々が多く住む渤海国」というくだりがあったからである。

これには元ネタがある。その名もずばり『秋田美人の謎』（白水社、一九八四）。ただ、これはけっしていいかげんな本ではない。古代日本海文化の研究が本格化し始めた一九八〇年代、日本古代史の専門家である新野直吉《にいのなおよし》が一般向けに書いた、至ってまじめな日本海文化論である。放送後、あらためてこの本をめくってみたが、渤海使節との混血説はあるものの、先述のような渤海国の説明はどこにもなかった。代わりに気づいたのは、当時のマスコミが新野を「秋田美人＝白人混血説」の提唱者と思い込んでいたこと、それが渤海使の秋田来航と関連づけて理解されていたこと、そして新野がそれをやんわり否定していたことである。「中央アジア周辺の人々」にはシルクロードに住む目鼻立ちのはっきりした「白人」系の人々がイメージされているようだから、マスコミの〝思い込み〟の上に、この本に対する誤読が重なり、こんな渤海国像になってしまったようだ。

〝失われたる王国〟

いいかげんな渤海国像がまことしやかにマスコミに登場するのは、この国のことを一般の人々がほとんど知らないからである。しかし、高校の日本史・世界史の両方にその名は登場する。かつてはほぼすべての日本史・世界史の教科書にあったが、今はＡＢに分かれたため、近現代史中心のＡには登場しない。それでも二〇一六年時点で、高校日本史Ｂの教科書は八種すべて、高校世界史Ｂの教科書は七種中六種に「渤海」が登場する。

その説明も妥当である。世界史受験者必携の山川出版社『世界史用語集』は次のように記す。

> **渤海**　六九八〜九二六　大祚栄《だいそえい》が高句麗《こうくり》の遺民《いみん》と靺鞨人《まつかつじん》を統合して建てた国。中国東北地方東部・沿海州地域・朝鮮半島北部を領有した。唐《とう》に朝貢し、七一三年大祚栄が渤海郡王に封じられて以降渤海と称し、七二七年からは日本とも盛んに通交した。唐の文物制度を取り入れ、仏教文化が栄え、九世紀には「海東の盛国」と呼ばれた。内紛で国力が低下するなか、九二六年契丹《きったん》に滅ぼされた。

「靺鞨」も「六世紀半ばから八世紀に中国東北地方で有力だったツングース系諸部族に対する呼称」と説明されている。どこにも中央アジア系の人々が住む国との説明はない。つまり、今のかなりの日本人にとって渤海国は、いったん覚えたにもかかわらず、記憶のなかから〝失われてしまった王国〟なのである。

渤海国を〝失われてしまった王国〟と表現したのは、私が最初ではない。戦後まもなく出版された渤海国通史の書名が『失は《ママ》れたる王国』（翰林出版、一九四八）で、私の表現は

図１　鳥山喜一（『渤海史上の諸問題』風間書房より）

そのパクリである。著者の鳥山喜一《とりやまきいち》（一八八七〜一九五九）は、名著『黄河の水』（弥円書房、一九二五）でも知られる東洋史学者で、日本における渤海史研究のパイオニアである。彼は戦前、ソウルの京城《けいじょう》帝国大学教授を務めていたが、敗戦で研究成果を残したまま日本に引き揚げた。ちょうどそんな折、金沢の旧制第四《だいし》高等学校で校長排斥事件が起きた。戦中に軍国主義を鼓吹した校長が、敗戦とともに態度を一変し、すべては上からの指示だったと無責任な姿勢を取ったことに生徒が激怒したのである。文部省はこの校長を更迭《こうてつ》し、代わりに鳥山を指名した。かくて鳥山は金沢に赴任し、そこで『失はれたる王国』を執筆した。

鳥山の〝失はれたる王国〟には二つの意味が込められていた。一つは、渤海国についての史料はわずかしか残っておらず、記録が〝失われてしまった王国〟という意味。もう一つは、ほぼすべての研究成果をソウルに置いて来ざるをえなかった鳥山の喪失感を込めた、研究が〝失われてしまった王国〟という意味である。ちなみに、鳥山の京城帝大当時のあだ名は「渤海王」であった。

日本の満洲侵略と渤海国

『失はれたる王国』には、日本人に忘れられていた渤海国が一九三二年（昭和七）の満洲国建国によってにわかに注目されるようになった、という記述がある。確かに当時、満洲国を「古代日本の朝貢国渤海を千年の時を超えて宗主国日本が再興したもの」とする言説があり、鳥山はその頃の講演でこれに同調する学者を〝認識不足〟と強く批判していた。とはいえ、時流は渤海史研究に追い風となった。一九三〇年代、渤海に関する著書・論文が多数発表され、満洲を紹介する一般書には必ず渤海国と日本の関係が描かれた。国定歴史教科書での扱いも重くなり、一九四三年の第六期国定歴史教科書『初等科国史』では、渤海国からの朝貢《ちょうこう》開始が重要事項として年表に太字で載った。

　このように、日本ではほとんど知られていなかった渤海国との通交（当時の認識では渤海国の日本への朝貢）が、満洲事変と満洲国建国を契機に「再発見」されたのである。ただし、日本の歴史学界で渤海国が「再発見」されたのは、もう少し早い。

　明治期に確立した日本の近代史学において、当初、渤海国はほとんど注目されなかった。日本初の本格的な渤海史研究は日露戦争後、京都学派の創始者内藤《ないとう》湖南《こなん》（一八六六〜一九三四）によってである。内藤は京都帝大に招かれる直前の一九〇七年（明治四〇）八月、

図2　鴻臚井碑（宮内庁提供）

比叡山での朝日新聞社主催講演会で「日本満洲交通略説」という講演を行った（『内藤湖南全集』八、筑摩書房、一九六九）。彼は日本と渤海の交流について初めて学問的に論じるとともに、渤海史の新史料を公表した。それが、中国旅順《りよじゆん》港にあった「鴻臚井碑《こうろせいひ》」である。これは、唐の渤海冊封使が帰路、ここで井戸を掘ったことを記念して刻んだ石碑で、開元二年（七一四）五月一八日の日付がある。

この碑は現在、皇居のなかにあり、非公開である。日露戦争後、最大の激戦地旅順からの戦利品として海軍によって移送され、建安府《けんあんふ》（日露戦争の記念品・戦利品を納める皇居内の倉庫）の前庭に置かれたからである。内藤が拓本を入手できたのは、海軍からその歴史的価値の評価を依頼されたからである。内藤の講演も、日露戦争の勝利により日本人の満洲への関心が高まったことを受けたもので、日本初の渤海史研究の成果発表は、日露戦争の産物だったのである。

内藤は、以後、渤海史研究にほとんど携わらなかった。代わって近代東洋史学黎明《れいめい》期のもう一人の雄、東京帝大の白鳥庫吉《しらとりくらきち》（一八六五～一九四二）と、彼の進言を受けて南満洲鉄道株式会社初代総裁後藤新平《ごとうしんぺい》がその東京支社内に設置した満鉄歴史調査部が、それを担った。満鉄はただの鉄道会社ではない。日露戦争で獲得した満洲権益の経営を担う国策会社であった。だから、満洲の歴史研究もその経営に資するのが目的であり、渤海史もその一環として本格的な史料収集と研究がなされたのである。満鉄歴史調査部は一九一五年（大正四）に閉鎖されたが、事業は東京帝大に引き継がれた。その後、渤海史研究は一時低調となるが、満洲事変を機に再び活況を呈するのである。

中国における渤海国の「再発見」

日本の満洲侵略は、日本における渤海国「再発見」の契機となったが、それは中国においても同じであった。

中国でも、二〇世紀初頭まで渤海国はほとんど歴史記憶から〝失われた王国〟であった。満洲族（現在は満族）の王朝である清《しん》朝からすれば、自らのルーツとかかわるから無関心ではなく、『欽定満洲源流考《きんていまんしゅうげんりゅうこう》』（一七七八）では史料が収集され考察もなされた。しかし、集められた史料は中国王朝の正史等の記述で、満洲族独自の伝承はほとんどない。また、渤海国の首都上京竜泉府《じょうきょうりゅうせんふ》の遺跡が金の上京会寧府《じょうきょうかいねいふ》の遺跡と思われていたように、厳密な考察がなされたとはいえず、渤海国は中国の漢人考証学者たちの関心を引かなかった。あるいは、帝室のルーツにかかわるので関心を持たないようにしていたのかもしれない。

この状況は中華民国になっても変わらなかった。中華民国は、満洲を伝統的な領土と位置づけはしたが、その歴史に関心を払う歴史家はほとんどいなかった。渤海国に関心を持ち専論を著す者も皆無ではなかったが、それは満洲と関係あるごくわずかの者でしかなかった。満洲侵略を虎視眈々《こしたんたん》と狙っていた日本が渤海など満洲の歴史研究を着々と進展させていたのとは、正反対だったのである。

そこに突如発生したのが、満洲事変と満洲国建国であった。日本は満洲国建国の正当性の根拠の一つに、満洲が歴史的に中国とは別世界であったことを挙げた。ここに至り、中国中央では、満洲を中国東北部として明確に位置づける歴史研究の欠落に気づくことになる。中央研究院歴史語言研究所長であった傅斯年《ふしねん》（一八九六〜一九五〇）はこれにいち早く対応して『東北史綱』（中央研究院歴史語言研究所、一九三二）を編纂・発表し、満洲は古来中国と不可分の領土であると主張した。しかし、本書は急遽書かれたため、渤海国成立前までを扱う第一巻しか刊行されず、渤海国を中国史のなかに位置づけるには至らなかった。この課題は、その後、満洲国から中華民国に亡命した金毓黻《きんいくふつ》(一八八七〜一九六二)の『東北通史』(国立東北大学東北史地経済研究所、一九四一)によって解決される。

このように中国でも満洲事変と満洲国建国によって、ほとんど知られていなかった渤海国が中国東北史の一角を占める中国史上の国家として「再発見」された。それも歴史を根拠に侵略を行う日本への対抗意識の下《もと》であり、そこには渤海国を中国史のなかに位置づけようとする断固たる意志が見える。

朝鮮における渤海国の「再発見」

日本の侵略で渤海国を「再発見」したのは中国だけではない。旧渤海領の一部を領域とする朝鮮(本書では韓国・北朝鮮の両方を含む地域名称として用いる)でも同様であった。

渤海国滅亡と同時期に朝鮮半島に成立した高麗《こうらい》は、当初、北進策との関係もあって渤海国に強い関心を示した。しかし中期以降になると、認識に大きな変化が生じ、官撰史書『三国史記《さんごくしき》』(一一四五)は渤海国を領域外とみなして叙述対象からはずした。李朝(国号は朝鮮だが、地域名称「朝鮮」との混乱を避けるため「李朝」を用いる)もこれを継承し、渤海国を朝鮮とは無関係な存在とみなした。李朝後期になると、清朝との国境問題を背景に実学者柳得恭《ユドゥッコン》(一七四八〜一八〇七)が『渤海考』(一七九四)を著し、渤海国を朝鮮史のなかに位置づけようと試みた。この認識は知識人の間にある程度浸透したが、当時の歴史認識の主流にはならなかった。この状況を一変させたのが、朝鮮民族主義史学の祖とされる申采浩《シンチエホ》（一八八〇～一九三六）の『読史新論』（一九〇八）である。

『読史新論』は、朝鮮古代史を朝鮮民族が「父祖の地」たる満洲で活躍した栄光の時代と捉え、その終わりを渤海国滅亡に置く。この主張は、渤海国を単に朝鮮史に位置づけたのではなく、民族の栄光と強く関連づけたという点で画期的だった。この著書が、日露戦争によって大韓帝国（李朝は一八九七年に国号を韓に改め、国王は皇帝を称した）が日本の保護国となった一九〇五年の三年後、韓国併合の二年前に出されていることからも明らかなように、申采浩は日本の朝鮮植民地化に対抗すべく、民族精神の鼓舞を意図して栄光の朝鮮民族史を描き、その重要アクターとして渤海国を「再発見」したのである。こうした民族主義史学の認識は、植民地化以降も抗日の意識を持つ朝鮮の知識人・民衆に浸透し、申采浩一人の「再発見」から朝鮮における「再発見」へと拡大していく。

民族主義史学の広がりを憂えた朝鮮総督府は、一九二二年に朝鮮史編纂事業を開始し、民族主義史学の学者も編纂委員に取り込んだうえで、日本側委員が彼らを抑え込み、民族主義史学の重要アクターである檀君《だんくん》（朝鮮民族の祖とされる伝説上の王。民族主義史学では、彼の即位を元年とする檀君紀元を使用する）や渤海国を『朝鮮史』から排除した。こうして再び、渤海国は朝鮮史の流れから〝失われた〟のである。

争奪される渤海国

このように渤海国は二〇世紀初頭から一九三〇年代にかけて、日本の大陸侵略にともなって日本・中国・朝鮮でそれぞれに「再発見」された。だが、「再発見」された渤海国像は各々まったく異なっていた。そしてそれは、各国家・民族の状況と深く結びついていたために、お互いに相容れない要素を持っていた。

実際、一五年戦争期、日本の渤海国像と中国のそれはぶつかり合い、渤海国は両者によって争奪された。しかし、日本の敗戦によって満洲侵略と結びついた満洲史が崩壊し、日本の渤海国像は再構築を余儀なくされる。その再構築には、戦前の歴史研究のあり方への反省をともなったため、時間がかかった。結局、日本の朝貢国と捉える過去の理解と決別した新たな渤海国像が日本に登場したのは、敗戦から四半世紀以上経った一九七〇年代である。

いったん渤海国が〝失われた〟朝鮮でも、一九六〇年代に北朝鮮で、七〇年代に韓国で、それぞれ「再再発見」され、両国の公式の歴史において、渤海国は排他的に朝鮮史のなかに組み込まれた。こうして今度は、中国と北朝鮮・韓国の間で渤海国の争奪が始まることになり、それは現在も続いている。

現在、中国・韓国間の「歴史の争奪」としては、高句麗に対する争奪、いわゆる「高句麗歴史論争」がよく知られている。これは、二〇〇三〜〇四年に韓国で火が着いたもので、マスコミの「中国が韓国史の重要な国、高句麗の歴史を奪おうとしている」というセンセーショナル報道に始まり、政治を巻き込んだナショナリズム的国民運動にまでヒートアップ、さらには中国との外交問題にまで発展した。その後沈静化はしたものの、現在でもくすぶり続けている。

この「高句麗歴史論争」と渤海国をめぐる中韓の争奪とには密接な関係があるが、この論争から渤海をめぐる諸問題が派生したわけではない。たとえば、先述した鴻臚井碑に対して中国の大連には返還要求運動が存在するが、二〇〇六年にそれを報道した日本のある新聞は、高句麗の帰属問題によってこの動きが起こったと書いた。これは明らかな誤解で、戦利品返還運動という本質も矮小化されてしまう。同様に渤海国をめぐる歴史の争奪も、主に研究者間で議論されてきたため、一般には知られておらず、その分だけ誤解されやすい。そうした誤解を、できるだけわかりやすく解くのも、研究者の務めであろう。

本書の描き方

中国と韓国・北朝鮮、あるいは過去の日本との間で、渤海国の争奪が起こるのはなぜか。そうした「歴史の争奪」はどのように叙述すれば克服できるのか。本書はそれに対する答えを求めた、私なりの思索の現段階の成果である。

渤海国関係の史料は極端に少ない。全文献史料を集めても、原文のままなら冊子一冊程度で、同時期の日本の文献史料の何百分の一である。そのため、今まで書かれた渤海史の概説書の多くは、史料からわかる限り、推定できる限りを書こうとする傾向があった。それも一つだが、それでは私が求めている答えは出そうにない。特に、渤海国自らが書いた歴史書が残っていないため、現存史料のほとんどは渤海人以外が残したもので、どうしてもそうした人々の目を通した渤海国像になってしまう。だとすれば、むしろそれを前提に、渤海国とは何か、を描いてみてはどうだろうか。

そもそもある国を一つの方向からだけ描いたのでは、その国の一面しか描けない。史料がたくさんあって内からも外からもその国を眺めることができるのであれば、それらを総合した歴史像を描けるかもしれないが、渤海国にはそれだけの材料がない。一方で、一つの方向から見たものも、一面から見た姿として必ずしも間違っているわけではない。ならば、むしろ開き直って、描くことが可能な方向から見た渤海国像を並べてみようと思う。そのうえで、その方向性で描くとどんな特色が現れ、どんな問題点があるのか、考えてみたいと思うのである。

では、渤海国はどんな方向からなら描けるか。今述べたように、渤海国の史料のほとんどは外からの目であり、その国際関係・国際交流と関係する。とすれば、渤海一国の歴史の諸側面を描くのではなく、関係性を持ったいくつかの地域の枠組みのなかに渤海国を置いて、それぞれに描いてみるという方法がある。

考えてみると、ある一国を一つの地域枠組みだけで理解しようとする方が不自然かもしれない。今の日本をみても、東アジアという地域枠組みだけでなく、環日本海や環太平洋という地域枠組みのなかで捉えることは可能だし、地理的なことを除外すれば、さらに多様な国際的枠組みの一員として捉えることができる。そうした枠組みの重なりのなかで多元的に捉えてこそ、国際社会のなかでの日本の真の姿がみえる。これと同じ手法で渤海国を描いてみようと思うのである。

私が本書で設定した地域枠組みは、東アジア、東部ユーラシア、東北アジア、環日本海、環黄海《こうかい》・東シナ海の五つである。渤海国が、それぞれの地域枠組みの歴史のなかでどのように位置づき、どのような関係性を持っていたのかを、検討していく。ただし、その前に、渤海国についての基本的な事項、基本的な歴史の流れは提示しておきたい。なぜなら、いくら史料が少なくても確定した史実はあるし、一方で通常ならわかっていそうなことでも論者によって見解が異なるものもある。これらを各枠組みの叙述のなかで述べると、内容が煩雑になり、論点もぼやけやすい。そこで先に渤海国概説を、政治史を軸にひととおり述べ、それを前提に各地域枠組みのなかの渤海国像を描いていこうと思う。

このような手法で描き出される渤海国の姿は、おそらく一元的に描かれた像ほどクリアーではなく、３Ｄホログラフィーのような揺れをともなった、ぼやけた像になるであろう。しかし、それでも既存の渤海国像と違う新鮮なものを提供し、読者の皆さんに〝失われていた〟渤海国を新たな姿で「再発見」してもらえたならば、本書は成功である。

なお、ここまで「渤海国」と表現してきたが、これは渤海という海洋名との混同を避けるためである。ただ、煩雑であり、渤海国王という爵号も出てくるので、「渤海国」と書く方が混乱を招く可能性が高い。そこで、以下の本文中では「渤海」を使用し、見出しだけ「渤海国」と記す。

また、現在の国家領域とは異なる地域枠組みで歴史を描くので、地域名称として中国東北部といった表現は使いにくい。同地域はかつて満洲と呼ばれ、英語では今もManchuriaと地図上に表記される。とすれば、この一帯は満洲もしくはマンチュリアという地域名称が最も妥当であろう。ただ、満洲の語は日本の対外侵略と関係するため、留保条件を意味する「　」付け無しで使用すると誤解を与える。とはいえ、これもあまりに煩雑なので、傀儡《かいらい》政権である満洲国を含め「　」をはずした。読者の皆さんには、意のあるところをお汲み取りいただきたい。

最後にふりがなについてもひとことふれておく。「歴史の争奪」では漢字の読み方一つでも争いの種となる場合がある。そこで本書では、あえて原則、日本の東洋史学で慣習的に読まれている音でふりがなをつけた。そのため、同じ漢字でも違う音になっている場合（たとえば「京」は「きょう」と「けい」の二通り）がある。ただし、統一新羅以降の朝鮮の人名・地名についてはハングル音をカタカナで示すこととした。

渤海史概説

渤海国の基本史料と基本データ

概説の前に、そのもととなる史料について述べておく。

渤海《ぼっかい》に関する文献史料は極端に少なく、周囲の国々に残されたものばかりである。そのなかで最も多いのが、中国王朝が残した史料である。中国王朝では、周辺国家・種族（前近代のエスニックグループを近代的な民族と区別するため「種族」を用いる）についての記録は、正史に伝が立てられ、まとめて記載されるのが通例である。渤海の場合も、当時の中国王朝、唐《とう》の正史である『旧唐書《くとうじょ》』（九四五）・『新唐書《しんとうじょ》』（一〇六〇）にそれぞれ伝が立てられて、これが渤海史研究の最も基本的な史料となる。

基本史料―中国の文献

『旧唐書』に立てられた渤海の伝は、巻一九九下・北狄伝《ほくてきでん》のなかの渤海靺鞨伝《ぼっかいまっかつでん》である。渤海伝ではなく渤海靺鞨伝とするのは、唐が渤海を靺鞨の一種として扱っていたことによる。靺鞨については、先に『世界史用語集』の説明を載せたが、これはやや不正確で、「七～一〇世紀前半に満洲から朝鮮半島にかけて居住していた、高句麗族・韓族以外の諸種族の総称」とするのが最も正確である。

内容は、周辺諸国の列伝の通例である種族・建国・領域・風俗などの概略記事のあと、唐との外交関係記事が並び、八三〇年代まで終わる。基本的に、唐王朝の公式記録に基づいた諸史料の記事を集めたもので、八四〇年代以降の記事がないのも、唐末の混乱でこれ以降の根本史料が失われた『旧唐書』の一般的性格による。このほか、唐側の公式記録を情報源とするものに、『唐会要《とうかいよう》』（九六一）の渤海の項や『冊府元亀《さつぷげんき》』（一〇一三）外臣部《がいしんぶ》掲載の渤海の朝貢《ちょうこう》・冊封《さくほう》等の記事がある。

『新唐書』では、巻二一九・北狄伝のなかに渤海伝がある。これには『旧唐書』渤海靺鞨伝にはない、王の世系《せいけい》・諡号《しごう》・年号や中央官制・地方制度・交通路・各地の産物・王族の呼称などの記事があり、概略記事においても王家の種族や建国事情、領域などが異なる。『新唐書』渤海伝が、唐側の公式記録以外の有力な情報源を持っていたのは明らかで、その一つが、張建章《ちょうけんしょう》（八〇六～八六六）の『渤海国記《ぼっかいこくき》』（八三五）である。

張建章は幽州節度使《ゆうしゅうせつどし》の属官で、使者として渤海に行き、そこで知り得た渤海の内情などを『渤海国記』としてまとめた。この書物は北宋《ほくそう》朝廷の書庫である崇文院秘閣《すうぶんいんひかく》に収蔵されていて、『新唐書』編纂にあたって利用されたと推定される。『新唐書』渤海伝に追加された新内容の大半が渤海の内情に関する記事なのも、『渤海国記』に基づいたとすれば説明がつく。ただし、『新唐書』渤海伝はさらに別の情報源を持っていたようで、王家の種族については『渤海国記』以外の情報源に依拠したと推定される。

なお、『新唐書』同様に『渤海国記』を有力な情報源としたものに『五代会要《ごだいかいよう》』（九六一あるいは九六三）の渤海の項がある。編者王溥《おうふ》は著名な蔵書家で、彼が『渤海国記』を所蔵していたことは、子の王貽孫《おういそん》の伝記で確認できる。また、『渤海国記』が収蔵されていた秘閣は、北宋の都開封《かいほう》が金《きん》によって陥落した靖康《せいこう》の変《へん》（一一二六）で焼失した。『渤海国記』もその際に灰燼に帰したと推定され、今に伝わらない。

基本史料―日本の文献

渤海と通交関係があった日本にも多くの史料が残されている。渤海が日本と通交した時期の大半は、日本が国家事業として六国史《りっこくし》と呼ばれる編年体の史書を編纂していた時期である。そのため、『日本書紀《にほんしょき》』（七二〇）以外の五つの史書に、渤海使（渤海から日本への使節。渤海の立場では「遣日本使」だが便宜上この用語を用いる）や遣渤海使の詳しい記事が載っている。特に重要なのが、渤海からの国書などの外交文書が、ほぼそのまま掲載されていることで、おかげで我々は渤海人が書いた生の文章を読むことができる。

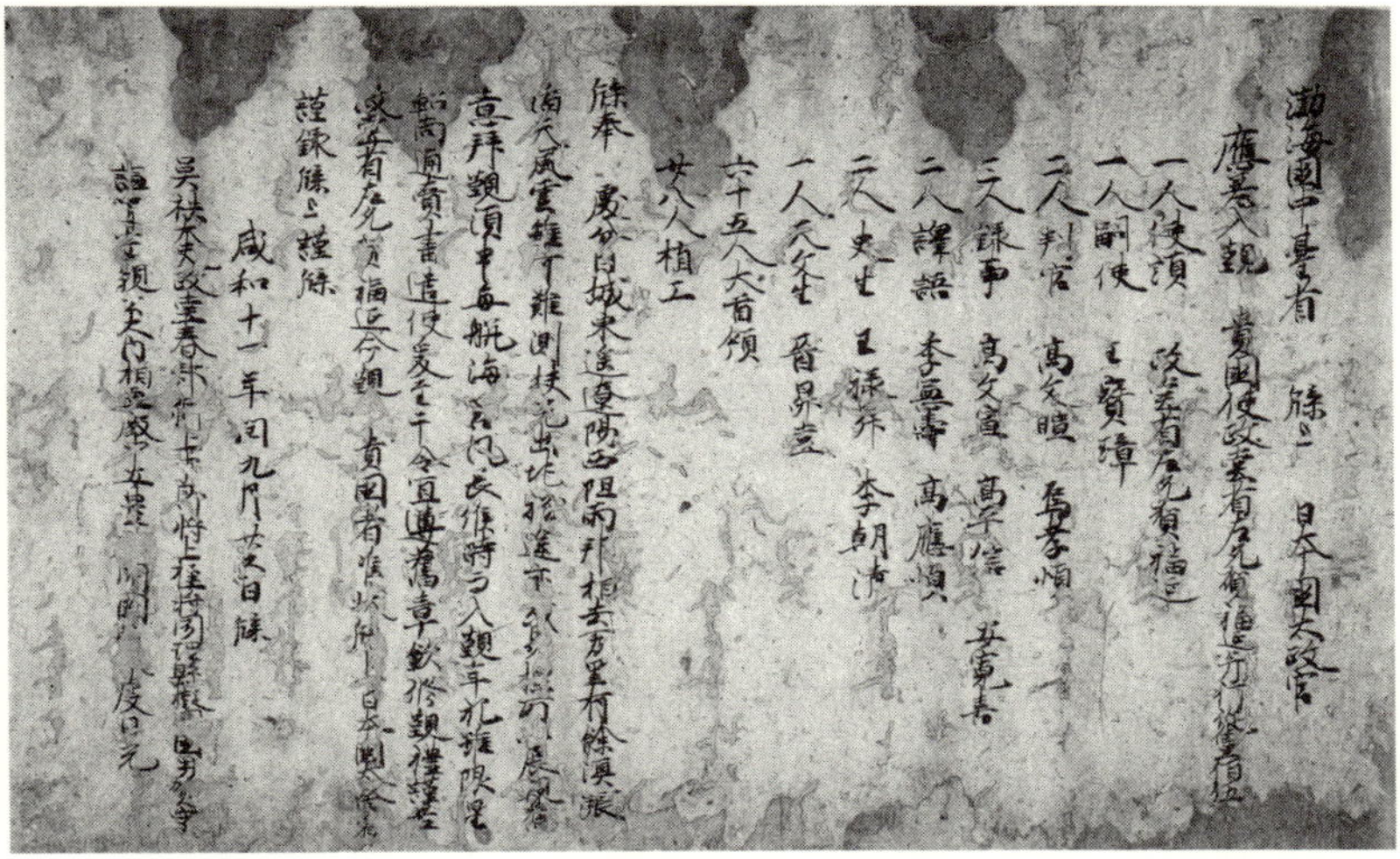
渤海国中台省　牒上日本国太政官
応差入覲
一人使頭
一人嗣使　王宝璋
二人判官
三人録事
二人訳語
二人史生
一人天文生
六十五人大首領
廿八人梢工
咸和十一年閏九月廿五日牒

図３　「渤海国中台省牒」（宮内庁書陵部所蔵）

実は六国史の一つ『日本後紀《にほんこうき》』（八四〇）は、散逸して四分の一しか現存しない。本来なら『日本後紀』が扱う時期の渤海関係記事は失われても仕方ないが、幸いなことに『類聚国史《るいじゅうこくし》』（八九二）殊《しゅ》俗門《ぞくもん》に渤海の項があり、そこに渤海に関する『日本後紀』の逸文《いつぶん》が載っている。『類聚国史』は、菅原道真《すがわらのみちざね》（八四五～九〇三）が宇多《うだ》天皇の命を受けて〝六国史〟を項目ごとに分類・編纂した書物である。

日本に遺された史料には、このほかにも渤海人自身が書いた文章を伝えるものがある。なかでも重要なのは、渤海の中台省《ちゅうだいしょう》から日本の太政官《だじょうかん》に送られた、「咸和《かんわ》十一年閏九月廿五日」の日付のある牒《ちょう》という公文書の写しが、宮内庁書陵部所蔵の壬生家《みぶけ》文書に収蔵されていることである。これは「渤海国中台省牒」（図3）と呼ばれ、古代の外交文書の体裁を今に伝える唯一のものといわれる。ちなみに「咸和」は渤海第一一代大彝震《だいいしん》の年号で、「十一年」は西暦八四一年である。

もう一つ注目しなければならないのは、『類聚国史』殊俗門渤海に載せられた延暦一五年（七九六）四月戊子条末尾にある渤海沿革記事である。以下に書き下し文で引用する。傍線部はあとで検討するので、そこだけ原文のまま残した。

『類聚国史』渤海沿革記事

渤海国は高麗（高句麗）の故地なり。天命開別天皇《あめみことひらかすわけのすめらみこと》（天智天皇）七年（六六八）、高麗王高氏、唐の滅ぼす所と為《な》るなり。のち天之真宗豊祖父天皇《あめのまむねとよおおじ》（文武天皇）二年（六九八）を以て、大祚栄《だいそえい》始めて渤海国を建て、和銅六年（七一三）、唐の冊立《さくりつ》を受く。其《そ》の国、延袤《えんぼう》（東西南北）二千里。州・県・館・駅無く、処々に村里有りて、皆、靺鞨部落なり。其の百姓《ひゃくせい》は、靺鞨多く、土人少なし。皆、土人を以て村長と為し、大村は都督《ととく》と曰い、次は刺史《しし》と曰う。其下百姓皆曰首領。土地は極めて寒く、水田には宜《よろ》しからず。俗は頗《すこぶ》る書を知る。高氏（＝高句麗）自《よ》り以来、朝貢絶えず。

ここには渤海の建国年次や種族構成・地方制度に関する貴重な記録が含まれている。特に建国年次については、それを明記した中国史料がなく、かつては七〇〇年説が有力だったが、本史料が知られるようになってからは六九八年が定説となった。

この記事で一つ厄介なのは、引用の直前に「又た在唐学問僧永忠《えいちゅう》等の附する所の書を伝奉す」という句があることである。本史料が知られるようになった当初、この句を「在唐学問僧永忠等が渤海の使節に託して送ってきた書状によると」と解し、この沿革記事を在唐学問僧の永忠らの書状の一節とする理解が横行した。これに対し石井《いしい》正敏《まさとし》（一九四七〜二〇一五）は、沿革記事を含むこの条文が『日本後紀』逸文で、その渤海初見記事であることを明らかにしたうえで、これは『日本後紀』編者によって渤海初見記事に加えられた渤海の説明記事であるとの見解を示した（「渤海の地方社会」『日本渤海関係史の研究』吉川弘文館、二〇〇一）。これによれば、先の句は「さらにまた、（渤海使は）在唐学問僧の永忠らが（唐から戻る渤海使節に）託した書状を奉呈した」と訳し、ここで文章が切れることになる。

私の理解では石井説が正しいが、依然、旧説を支持する者もいる。私が石井説を正しいとする根拠は二つある。一つ目は、六国史が見本にした中国の編年体史書の多くが、外国の初見記事にその国の説明を付していることであり、二つ目は、他の用例から「伝奉」の意味は「仲介者によって伝送して奉上する」以外にはありえないからである。

基本史料―考古資料

このほかにも中国・日本には、渤海についてある程度まとまった、あるいは断片的な記述のある文献史料が少なからず存在する。また、中国・日本以外の地域の文献史料にも、渤海のこととみられる記述がある。ただ、それらを逐一挙げるときりがないので、あとは関係箇所での簡単な解説に譲り、もう一つの大きな史料群である考古資料の説明に移る。

渤海の遺跡群に対する考古学的な発掘が始まったのは満洲国建国後で、日本の考古学者たちが手を付けた。代表的なものが上京竜泉《じょうきょうりゅうせん》府趾《ふし》（黒竜江省寧安市東京城《とうけいじょう》）の発掘調査である。一九三三年六月と一九三四年五・六月の二次にわたって東亜考古学会の手で行われ、報告書は『東京城』（一九三九）の名前で刊行された。発掘調査は一見、学問的に中立なようにみえるが、現実はきわめて政治的である。この調査も、満洲国と日本の友好・一体化を渤海時代にまで遡って確認する役割を持っており、それゆえに宮殿跡から発見されたわずか一枚の和同開珎《わどうかいちん》がその証拠として、当時大いに喧伝された。

中華人民共和国になると、都城・山城などの遺跡以外に墳墓群の発掘が進むようになる。最初の大きな発見は、吉林省敦化《とんか》市南部の六頂山墳墓群《ろくちょうざんふんぼぐん》から、一九四九年に第三代大欽《だいきん》茂《も》の次女貞恵公主《ていけいこうしゅ》の墓が発見され、その墓誌《ぼし》が出土したことである。この六頂山墳墓群は、その後五度にわたって調査が行われた。

そのなかには、一九六三・六四年に中国・北朝鮮が行った合同調査がある。両国の密接な関係を演出すべく行われたこの合同調査は、両国考古学者の見解の対立という予想外の結果となり、北朝鮮は高句麗とのつながりを強調する報告書『渤海文化』（社会科学出版社、一九七二）を一方的に発表した。これに対し中国側は、同盟国北朝鮮への配慮から長く沈黙していたが、渤海をめぐる韓国・北朝鮮との論争が激しくなってきた一九九七年にやっと報告書『六頂山与渤海鎮』（中国大百科出版社）を公表した。考古学は「歴史の争奪」の最前線なのである。

もう一つ発掘が進んでいる墳墓群に、吉林省和《わ》竜《りゅう》市の竜頭山《りゅうとうざん》墳墓群がある。ここでは、一九八〇年に大欽茂の四女貞孝《ていこう》公主の墓誌が発見され、ついで二〇〇四年と〇五年の発掘調査では、大欽茂の夫人・孝《こう》懿《い》皇后《こうごう》および第九代大明忠《だいめいちゅう》の夫人順穆《じゅんぼく》皇后の墓誌が発見された。ただ、両皇后の墓については、二〇〇九年に発掘簡報が公表されただけで、今に至るまで詳細な報告はなく、墓誌全文も公表されていない。簡報で公表されているのは、順穆皇后墓誌の「渤海國順穆皇后」「簡王皇后泰氏也」「建興十二年七月十五日、遷安□陵、禮也」の句だけである（「吉林和竜市竜海渤海王室墓葬発掘簡報」『考古』二〇〇九―六）。

中国の中心部でも、渤海に関係する墓誌が見つかっている。先に紹介した張建章も北京徳勝門外で墓誌が発見され、さまざまな事実がわかったのである。また、ロシアでは、ウラジオストクのロシアアカデミー極東支部歴史考古民族学研究所を中心に、韓国や日本の考古学者と組んで発掘調査が進められている。渤海使の出航拠点塩州《えんしゅう》の遺跡であるクラスキノ土城や、数々の寺院遺跡が発掘調査されており、ロシア沿海地方における渤海の勢力圏が次第に明確になってきている。

領域と自然地理・気候変動

事典等で渤海を説明する場合、概説の前に基本的な事項がいくつか記載される。本書でも概説の前に、領域や自然地理、王家、種族構成等の基本事項を述べておく。

領域については、『新唐書』渤海伝に、『渤海国記』に基づく八三〇年代前半の「海東の盛国」と呼ばれた時代の記述がある。ここで述べる領域はこれに基づくものであり、最盛期のそれとして理解していただきたい。

まずは渤海の境界を日本海側の南境から時計回りにみていく。『新唐書』渤海伝によれば、「泥河《でいが》」を境界として新羅《しんら》と接していたという。「泥河」は、咸鏡南道《ハムギョンナムド》の永興《ヨンフン》湾の北に流れ込む竜興江《リヨンフンガン》、もしくはその北の金津江《クミジンガン》に比定する説が有力である。どちらにしても咸鏡南道永興郡（北朝鮮では金野郡《クミヤ》）付近に境界があったとみて間違いない。

黄海《こうかい》側では、新羅の北境が平壌《ピヨンヤン》の南を流れる大同江《テドンガン》であったことは間違いないが、ここでは渤海と境を接していない。平壌などの大同江北岸地域およびそれ以北の黄海沿岸地域は渤海領ではなく、新羅・唐との緩衝地帯だったとみられるからで、事実、平壌付近に渤海の遺跡はない。鴨緑江においても、河口ではなく、少し遡った靉《あい》河《が》との合流地点とみられる「泊勺口《はくしやくこう》」（中国遼寧省丹東市）からが渤海領である。

その西には領域は拡大しておらず、西境はここから北へほぼまっすぐ延びて、北流松《しよう》花江《かこう》が嫩《ねん》江と合流して東に転じる附近に至る。北流松花江水系は渤海領、その西の遼《りよう》河《が》水系との分水嶺一帯が唐・契丹《きったん》・奚《けい》との境界地帯であろう。東流松花江に至った境界地帯は、そこで東に向きを変え、東流松花江北岸を牡丹江《ぼたんこう》との合流地点、現在の中国黒竜江《こくりゆうこう》省依蘭市《いらんし》付近にまで至る。ただ、ここから日本海岸までがはっきりしない。依蘭以北の平原部は、黒竜江（アムール川）両岸にいた黒水《こくすい》靺鞨の居住地だったから、依蘭以東の境界領域はふたたび山間部になると思われる。

そもそも我々は現代的な感覚で領土を面的にとらえ、その領域の境界に線を引く。本書でも便宜上そのように領域図を作成したが（図4）、多くの前近代国家では領域内を面的かつ一元的に支配することはまずない。中心部ではそうであっても、辺境地域では拠点と交通路という点と線による支配が一般である。渤海も例外ではなく、北方には靺鞨諸族が居住しており、渤海は水系に沿って拠点を置き、それらを間接統治したとみられる。渤海の山城が穆稜《ぼくりよう》河《が》水系およびウスリー江上流部まで確認できるというが、シホテ・アリニ

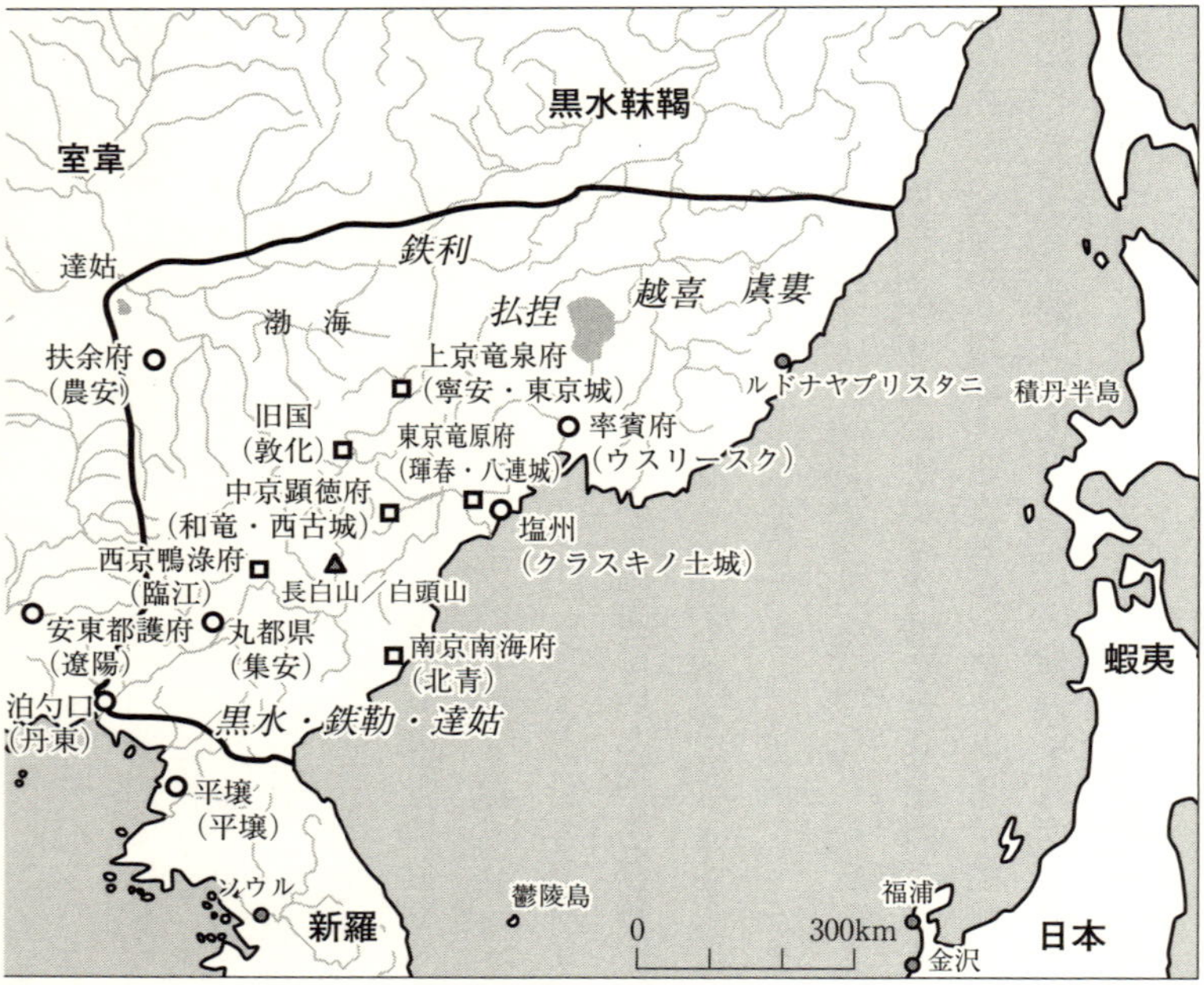

年代）と本書に登場する主な国・種族・場所

名，（　）内はその現在の地名。なお安東都護府・都里鎮は698年当時，その他は830年頃
ック体は渤海内の北部靺鞨等諸族。地理比定は主に『中国歴史地図集　隋・唐・五代十国
『渤海王国の政治と社会』に拠った。

山脈内やその東の日本海岸にはなく、渤海遺跡もきわめて少ない。それでも間接統治なので渤海の国家権力が及んでいないとはいえず、領域を見定めにくいのである。

ついでだが、パソコンが手元にあったら、Google Earthで渤海の領域一帯を見てほしい。そうすると、渤海の領域が長白山《ちょうはくさん》／白頭山《ペクトサン》（中国と韓国・北朝鮮で名称が異なり論争があるのでスラッシュを入れて両名併記）を最高峰とする山地であることがよくわかる。渤海の都城があるのは盆地や谷で、それらは図們江《ともんこう》（豆満江《トマンガン》）・鴨緑江《おうりょくこう》・北流松花江・牡丹江・穆稜河・綏芬河《すいふんが》でつながっている。渤海の支配のあり方が、面的なものではなく、水系による点と線の支配であったことが実感できるはずだ。この自然地理的条件は、渤海の歴史を解釈するうえで重要だが、それは当該箇所で述べる。

もう一つ自然地理つながりで確認しておきたいのが、気候変動である。現在、この地域

図4　渤海領域図（830
■五京と旧国，○その他の地
の場所。●現在の地名。イタリ
時期』に従い，一部赤羽目匡由

は亜寒帯冬季少雨気候で、植生は落葉広葉樹林もしくは落葉広葉樹・常緑針葉樹混交林である。しかし、渤海があった八～一〇世紀初はヨーロッパの「中世の温暖期」にあたり、中国や日本の気候変動研究でも温暖化が確認でき、地球全体が現在より暖かかった。中国・日本の研究に基づけば、東アジアの年間平均気温は現在より一度ほど高く、湿潤な地域が今より北上していた。我々は今の気候を前提に渤海の歴史を解釈してはならないのである。

王統とその種族

図5に渤海王家・大氏の系図を示す。実は史料によって王と王の系譜関係の記述に違いがあるため、研究者によって見解が異なり、公表された系図だけで二〇種を超える。近年、石井正敏がこれらの論点を整理し、文献批判の手続に忠実に考証した系図を発表し（「渤海王の世系」『日本渤海関係史の研究』）、以後はこれに従うものが多い。本書もほぼそれに従うが、第一〇代大仁秀《だいじんしゅう》の系譜だけ手直しをし、石井説より一代上に置いた（古畑徹「『日本渤海関係史の研究』の評価をめぐって」『アジア遊学二一四　前近代の日本と東アジア』、二〇一七）。

この王家大氏の種族系統についても意見が割れている。韓国・北朝鮮では高句麗人、中国では粟末《ぞくまつ》靺鞨人とするのが公式見解である。史料的には、『旧唐書』渤海靺鞨伝は「高句麗の別種」と記し、『新唐書』渤海伝は「大氏は、粟末靺鞨の高句麗に属する者」と記す。「別種」は、当時の種族関係史料に頻見し、同系統の種族だがそのものではない場合に使用される。つまり、現代語の「同種」であり、『旧唐書』は渤海王家を高句麗族と同種だといっている。一方、『新唐書』は、王家をかつて高句麗に仕えた粟末靺鞨人と説明する。このように基本史料から見解が異なるのである。

それぞれの論者は、自説を補強するために関連史料を提示したり、自説に有利になるような解釈をしたりしているが、正直なところ決め手に欠ける。大祚栄の父、乞乞仲象《こつこつちゅうしょう》の名前から靺鞨人のような印象も受けるが、高句麗人も本来は中国風の姓名を名乗っていた

図5　大氏系図

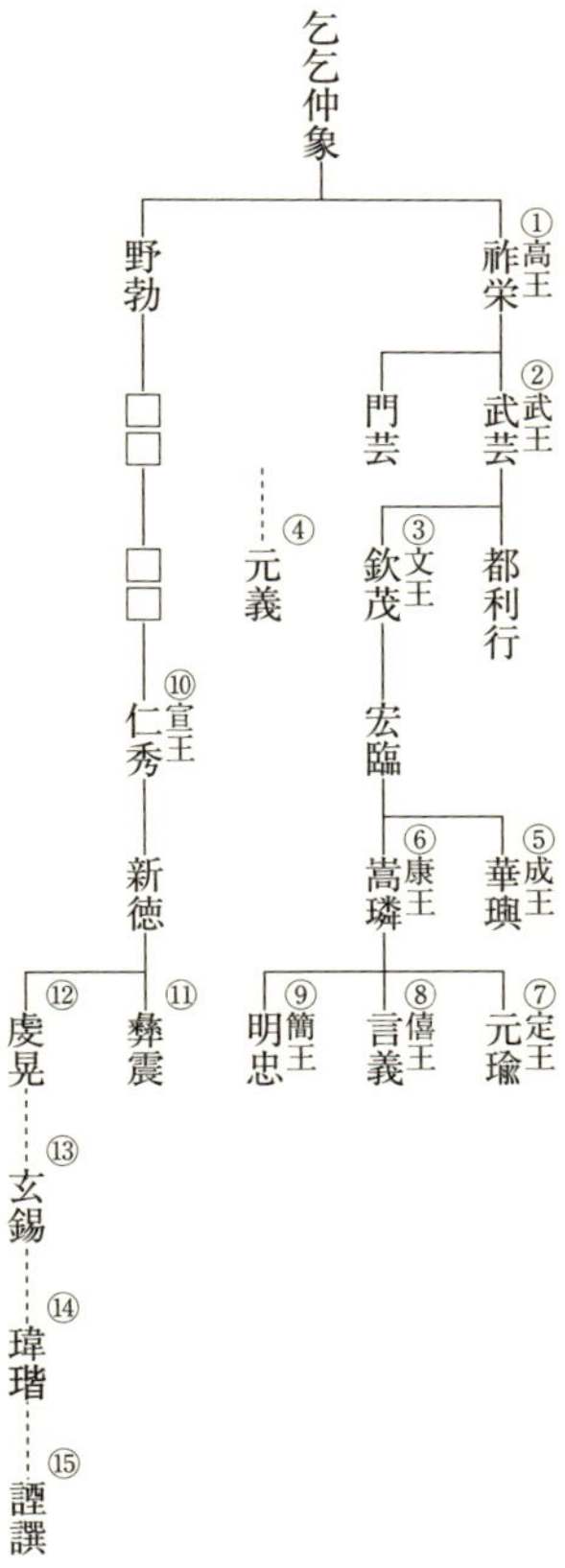

わけではなく、これも印象論でしかない。私としては最大公約数を取り、高句麗遺民で、出自は高句麗人か粟末靺鞨人かは不明、という理解に留めておきたい。そもそも王家の種族系統など、その国家の種族系統とは無関係で、これを争うこと自体ナンセンスである。

多種族国家としての渤海国

では、渤海という国家の種族系統はどう考えればよいのだろうか。渤海が高句麗人と靺鞨人で構成されていたこと、靺鞨がこの地に住んでいたさまざまな種族の総称であることは、すでに述べた。その一つ、粟末靺鞨はすでに登場したが、ほかに、白山《はくさん》・黒水・払捏《ふつでつ》・鉄利《てつり》・越喜《えつき》・虞婁《ぐろう》などの諸靺鞨がその領域の内外に住んでおり、図4には彼らの住地と推定される場所も掲載した。したがって、先に見た『類聚国史』の記事のように、渤海の種族構成を高句麗人・靺鞨人の二つに単純化して理解するのは妥当ではない。

一方、多様な靺鞨諸族も大きく二つに分類できる。高句麗支配下にあってその影響を強く受けた粟末・白山の南部靺鞨諸族と、主に高句麗の領域外に在ってその影響が小さい黒水以下の北部靺鞨諸族である。この北部靺鞨諸族がいた地域は、考古学的には靺鞨＝同仁《どうじん》文化（ロシアでは靺鞨文化、中国では同仁文化と呼ぶ）という土器文化が栄えた地域であり、南部靺鞨との文化的な違いは明瞭である（酒寄雅志「東北アジアのなかの渤海と日本」『渤海と古代の日本』校倉書房、二〇〇一）。このように見てくると、種族構成を整理・単純化する場合、高句麗人・南部靺鞨諸族・北部靺鞨諸族に三分するのがよさそうである。

後述するが、建国の中心は高句麗人と南部靺鞨諸族であり、渤海の初期領域は彼らの居住地域で、それがそのまま中心地域となる。渤海支配層の中核が、高句麗人と南部靺鞨諸族という高句麗系の人々であったことは揺るがない。その後、渤海は北に勢力を拡大し、北部靺鞨諸族を圧迫し、やがて領域下に収める。その意味で北部靺鞨諸族は被支配種族といえるが、その在地権力を解体せずに間接統治を行ったと考えられるため、単純な種族間の抑圧関係では理解しない方がよい。なお、これら諸種族の構成比はわからない。

時間が経つにつれ、渤海中心部の高句麗系の人たちは次第に融合していったようである。中国や韓国・北朝鮮の考古学者はそれぞれの民族とつながりのある部分を強調する傾向が強いが、冷静に見ると渤海中心部の文化は両方を受け継ぎ融合させている感がある。また、渤海滅亡後に遼の支配下に入ると、彼らは渤海人と呼ばれる。これも融合してきていた証拠になろう。渤海人はモンゴル帝国期まで存在したが、明に入ると漢族に吸収される。また、彼らの一部は、渤海滅亡によって南の高麗《こうらい》に亡命し、朝鮮民族のなかに吸収された。一方、北部靺鞨諸族は渤海滅亡後に女真《じょしん》族と呼ばれるようになり、やがて金・清を建国し、今の満族へとつながっていく。

さて、このような種族構成を持つ渤海は、どの種族系統に属する国家なのであろうか。

高句麗系であろうか、靺鞨系であろうか。あるいは朝鮮民族につながる国家であろうか、それとも漢族や満族などの中国の諸民族につながる国家であろうか。

私はこのどれでもなく、またどれでもあると考える。渤海が複数の種族によって構成された多種族国家であることは、いうまでもない。その国家運営の主導権をとったのが支配層の高句麗系であろうことも想像がつく。しかし、間接統治下にあった北部靺鞨諸族に独自性・自律性があったことも間違いなく、それなりの意志の下に渤海に参加したと思われる。そしてそれら各種族は渤海という国家に組み込まれたことで、その滅亡後にどれもが新たな展開をする。つまり、どの種族も渤海史という舞台の上で主役を務めたのであり、そうした主役たちがそれぞれのあり方のもとに活動する多種族国家として渤海を捉えるべきではないかと思うのである。

建国から「海東の盛国」へ

渤海史の基本史料である『旧唐書』渤海靺鞨伝、『新唐書』渤海伝は、いずれも渤海の歴史を高句麗の滅亡から説き起こす。本概説も、そこから書き始めたい。

高句麗の滅亡と遺民の動向

東北アジアの大国高句麗が、唐・新羅の連合軍によって滅ぼされたのは、西暦六六八年である。高句麗を滅ぼした唐は、平壌に安東都護府《あんとうとごふ》を置き、旧高句麗領各地に羈縻《きび》州県を設置した。羈縻州県とは、各種族の部落に地方行政機構である州県名を与え、その族長を長官に任命して世襲させるもので、都護府の監督下で在地勢力の支配を容認する間接統治体制を敷こうとしたのである。

しかし、隋《ずい》唐の大規模な侵攻を幾度もはねかえしてきた高句麗遺民は、唐の支配に簡単には服従しなかった。翌年には高句麗最後の王宝蔵王《ほうぞうおう》の外孫とされる安勝《あんしょう》らが、新羅の支援を受けて反乱を起こす。唐は平定に一年を費やし、安勝は新羅に逃亡するが、その後も反乱は相次ぎ、安東都護府は遼東《りょうとう》に移転せざるをえなくなった。一方、この不安定な状態に対応するため、唐は中国内地への大規模な徙民《しみん》政策を断行する。六六九年、二万八千余戸の高句麗遺民を長江《ちょうこう》・淮河《わいが》の中間地帯、秦嶺《しんれい》山脈の南側、現在の山西《さんせい》省太原《たいげん》付近、および甘粛《かんしゅく》省方面の空地へと強制移住させたのである。西方への製紙法伝播の契機となったことで有名な唐とアッバース朝の会戦、タラス河畔の戦い（七五一）で唐軍を率いた高仙芝《こうせんし》は、この強制移住させられた高句麗遺民の子孫である。

六七七年、旧百済領を占領した新羅の征討に失敗した唐は、朝鮮半島政策を立て直すため、宝蔵王を遼東州都督・朝鮮王に冊封して遼東に戻し、旧高句麗領の人々を安撫《あんぶ》させようとした。しかし、宝蔵王は靺鞨と結んで反乱を起こそうとして発覚、四川《しせん》に流され、六八二年頃にそこで亡くなった。

その後も安東都護府は遼東にあって平壌に戻ることはなかったし、新羅は北進して旧高句麗領を少しずつ吸収していった。結局、渤海建国前までの東北アジアの状況は、唐が高句麗遺民の激しい抵抗に遇い、遼東は確保したものの、旧高句麗領全土にはその支配を浸透させられないままだったのである。

契丹の反乱とその衝撃

唐の羈縻州を含む支配領域は、高句麗を滅ぼした時点が最大であったが、このとき西方では新たな事態が発生していた。チベット高原の吐蕃《とばん》が西域に進出し始めていたのである。六七〇年、吐蕃は安西四鎮《あんせいしちん》を攻略して天山《てんざん》南路《なんろ》を制圧、唐の大軍を破って安西都護府を廃止に追い込む。その後、吐蕃は一時的に後退して西域を手放すが、六七七年、西突厥《にしとっけつ》と連合して再度西域に進出する。

このことは東方情勢に大きく影響した。唐は六七四年に新羅征討の大軍を派遣したが、これは吐蕃の後退によって東方にまわす兵力を確保できたからである。一方、吐蕃が再度攻勢に出ると、東方に兵をまわす余力がなくなり、新羅再征を計画していた高宗《こうそう》は、元宰相張文瓘《ちょうぶんかん》の死の床からの諫言《かんげん》を受けてそれを中止する。六七八年のことである。これ以降、唐が新羅遠征を企てることはなかった。

吐蕃と唐の西域をめぐる攻防は一進一退だったが、圧倒的な力を誇っていた唐のこうしたほころびは、羈縻支配下にあった東突厥《ひがしとっけつ》を刺激する。六八二年、東突厥はモンゴル高原に自立して国家を復興する。いわゆる突厥第二帝国である。こうして西方・北方に強力な遊牧勢力が登場すると、唐とそれに続く武周《ぶしゅう》（六九〇年に高宗の皇后だった武則天《ぶそくてん》が即位して国号を周とした。以下、武周と呼ぶ）はこれらとの緊張関係を強いられ、その侵攻に備えて辺境に軍鎮を置くようになる。そうしたなかで重要な位置を占めたのが、東北方面の一大軍事拠点・営州（遼寧省《りようねい》朝陽市《ちようよう》）である。

営州は、遊牧勢力である契丹・奚《けい》を統括してモンゴル高原東部を押さえるとともに、遼東・朝鮮半島へ向けて睨《にら》みをきかす位置にあった。その周辺には唐に帰順した遊牧・狩猟系の諸種族が羈縻州の名を与えられて安置されており、これらを統括するのも営州の役割であった。ところが、六九六年五月、契丹の族長の李尽忠《りじんちゆう》とその妻の兄の孫万栄《そんばんえい》の急襲を受け、営州が陥落する。史書は、当時の営州都督が飢饉《ききん》に見舞われた契丹・奚を助けず、侮辱したのが原因だと記している。

営州を陥落させた契丹は、奚とともに南下して河北《かほく》を席巻する。武則天は征討軍を派遣したが、二度にわたって壊滅的な敗北を喫する。また、契丹は唐の復活を旗印に南下を正当化させたとも伝えられ、それに対応するため、武則天は武氏一族の者を征討軍の総帥にした。しかし、彼らは単に征討に失敗しただけでなく、河北の地を荒したことで武氏の権威を失墜させ、その後の唐の復活に道を開くこととなる。

武則天は突厥にも援助を求めたが、突厥はその条件として中国に残っていた突厥降戸《こうこ》の返還と単于《ぜんう》都護府の地の割譲《かつじよう》、さらにその地で農耕するための種子と農機具を要求した。武則天はいったん激怒はしたものの、結局、降戸数千帳と種子・農機具を与えた。これ以降、突厥は強勢になるが、その契機となる法外な要求を飲まなければならないほど、武則天にとって契丹の河北侵攻は衝撃的だったのである。

約束どおりに突厥は武則天に味方し、契丹の本拠地を襲ってその妻子を擒《とりこ》とし、動揺した河北侵攻中の契丹勢力は壊滅した。すでに亡くなっていた李尽忠の跡を継いで契丹を率いていた孫万栄は家奴《かど》に殺され、契丹の反乱は一年余りで平定された。

しかし、これはあくまで河北に侵攻した契丹勢力の平定でしかなかった。敗れた契丹では、武周に降る部族もいたが、突厥の支配下に入った部族もいて、結局、武周は営州を回復できなかった。また、契丹の別働隊は遼東方面にも侵攻し、安東都護府を包囲したため、武周は遼東にも海路から征討軍を派遣した。河北における契丹平定後もこの余党勢力は残っており、武周はその討伐に降伏した契丹部族を投入し、海路で遼東へ向かわせた。この討伐対象となった契丹反乱の余党の一つが、大祚栄の率いる集団であった。

大祚栄の即位

大祚栄の集団は、高句麗滅亡後に営州に移住させられていた高句麗遺民である。ただし、それが高句麗人そのものであるか、高句麗に従属していた粟末靺鞨人であるかは不明である。先述した高句麗人の大量徙民の際、営州経由で中国各地に移されたが、そのときにここに留められた集団があり、そのなかの一つが大祚栄の集団だったと考えられる。

契丹の反乱で営州が陥落すると、大祚栄集団（『新唐書』渤海伝はこの時点では祚栄の父乞乞仲象が率いていたとする）は武周の支配から解放され、故郷をめざして東走した。このとき、乞四比羽《こつしひう》らの靺鞨人集団やほかの高句麗人集団も東走する。これらの拠った地点ははっきりしないが、集安などの旧高句麗中心部ではなく、粟末靺鞨の住地とされる北流松花江水系から牡丹江上流域一帯と推測される。

これらは直接、契丹の反乱に加担したわけではないが、それに乗じて唐の羈絆《きはん》を離れたので、武周から契丹余党とみなされた。降伏契丹人を主力とする武周の遠征軍は、まず乞四比羽の集団を撃破してこれを斬り、大祚栄らに迫った。大祚栄は乞四比羽の残党や高句麗人集団を糾合して迎撃し、壊滅的な打撃を与えて敗退させた。そして彼は、牡丹江上流の敦化《とんか》一帯を拠点に自立して王位に即き、振国王《しんこくおう》を自称する。これが渤海の建国で、六九八年のことである。

なお、『新唐書』渤海伝は、武則天が祚栄の父乞乞仲象を震国公《しんこくこう》、乞四比羽を許国公《きょこくこう》に冊封して反乱の罪を許したが、乞四比羽が従わずに討伐を受け、その影響で、乞乞仲象の跡を継いだ祚栄も討伐を受けた。祚栄はこれを撃破し、自立して震国王と号した、とする。これは『渤海国記』の記述に基づくのだが、情報源は唐側の使者に語った渤海の自国史であるため、信ぴょう性に問題がある。ここでは『新唐書』渤海伝の記述は採用せず、国号も「震」ではなく「振」とした。

ただし、「振」という国号の意味は不明である。漢字の意味から検討する研究もあるが、建国事情からすれば唐を意識する必要はなく、国号を漢字にする必然性もない。統治下の人々を対象とする国号なら、高句麗もしくは靺鞨の言語でもよく、その音写として中国側もしくは渤海自身が「振」を充てた可能性がある。

建国当初の対外関係

大祚栄に敗れた討伐軍も、武則天が援軍を派遣したため、大祚栄以外の契丹余党の平定には成功し、七〇〇年に洛陽《らくよう》に凱旋《がいせん》する。実はこの遼東増派は、六九八年八月に入寇した突厥への反撃策の一環であった。突厥が契丹を支配下に収めたことで、武周と突厥の抗争の場は遼東にまで広がっていたのである。武周はさらに六九九年、高句麗王族の高徳武を遼東に安東都督として派遣し、在地の高句麗人を統治させ、遠征軍帰還後の遼東における勢力維持体制も確保した。

諸史料は、建国まもない大祚栄が突厥に使者を派遣して通交したと記すが、遼東における武周優位の情勢がその背景にあったと考えられる。このとき、突厥側に通じた満洲の勢力は大祚栄だけではなく、黒水などの北部靺鞨諸族も同様の動きをしたとみられる。史書には、突厥が黒水に吐屯《とどん》（属国・属部にて監察や賦税督促を行う官）を派遣したと記すが、それはこのときのことであろう。また、このように満洲の諸勢力が突厥側に付いたことで、今度は遼東の武周勢力が劣勢に立たされ、七〇三年頃までには遼東を放棄し、武周は遼東半島先端の都里鎮（遼寧省旅大市旅順付近）のみを確保する状況になった。

大祚栄は南の新羅とも関係を結んだ可能性がある。新羅末期の文人として著名な崔《チエ》致《チ》遠《ウォン》に「北国（渤海のこと）の上に居るを許さざるを謝するの表」という、新羅王から唐に提出した上表文がある。このなかで、大祚栄に新羅が大《だい》阿《あ》飡《さん》（新羅官位一七等の第五位）を授けたと述べている。この上表文は渤海と新羅の争長《そうちょう》事件《じけん》（席次の上下を争う事件）に関するもので、新羅が渤海の上位にあることを主張する。そのため、大祚栄が新羅の官位を受けたことをそのまま事実としてよいかどうかの問題は残るが、当時の渤海を取り巻く厳しい国際情勢下においてはありえたことである。

唐・玄宗による渤海郡王冊封

七〇五年、武則天が亡くなり、中宗《ちゅうそう》が再び帝位に即いて唐が復活した。中宗は北方に対して積極策に出ようとし、その一環として使者を大祚栄のもとに送り、唐への帰属を促した。祚栄はこれに応えて子の門芸を唐に送って宿衛《しゅくえい》させた。宿衛とは、宮殿に宿直して皇帝を護衛することで、具体的には禁軍の将校となって唐皇帝に仕えることである。唐代、周辺諸国は王族の子弟を宿衛に送ることで、唐への服属を誓い、外交的なパイプを持った。一方唐からすれば、その子弟は人質であるとともに、唐の文化になじみ皇帝との絆を深めることで帰国後に周辺諸国内の親唐勢力となりうる重要な〝種〟であった。したがって、大門芸の唐派遣は、唐からの働きかけに応じて、祚栄が唐への帰属替えの意思を示したものと理解できる。

これを受けて中宗は、大祚栄を冊封しようとしたが、突厥・契丹の再攻勢により断念する。突厥はその後、西方・北方経営に忙殺されるが、中宗政権内部の混乱で唐の東北政策はそれ以上進展しなかった。この状況を変えたのが、玄宗《げんそう》（李隆基《りりゅうき》）の登場である。

中宗の甥である李隆基は、七一〇年、中宗を毒殺した韋《い》皇后とその一派を打倒し、父である睿宗《えいそう》を即位させ、自らは皇太子となった。ついで、七一二年に帝位を譲られ、安史《あんし》の乱まで四〇年以上もつづく盛唐＝玄宗時代が始まる。玄宗は皇太子時代から政治の実権を握り、再び対外積極策に出ようとした。時に突厥はカプガン可汗《カガン》の末期で、その横暴によ

図6　唐帝室系図

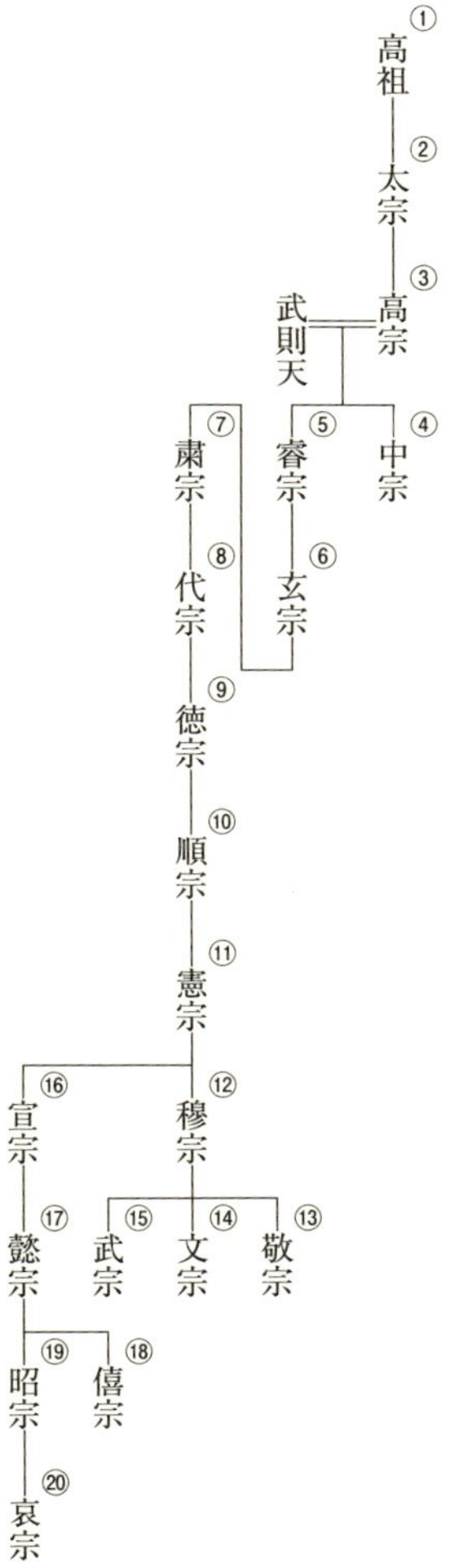

り離反が相次ぐようになっていた。

そうした流れのなか、七一三年二月、大祚栄の冊封が実現する。与えられた官爵は、左《さ》驍衛《ぎょうえい》員外大将軍・忽汗《こつかん》州都督・渤海郡王である。任命の冊書を持った崔訢《さいきん》は、海路から大祚栄のもとに至り、任務を果たして翌年帰国するが、この帰路に遼東半島の先端で井戸を掘ったことを記念して刻まれたのが、プロローグに登場した「鴻臚井碑」なのである。

渤海の国号はこの冊封に由来する。『新唐書』渤海伝は「是《これ》より始めて靺鞨の号を去り、専ら渤海と称す」と記す。実は、この文の主語がはっきりしない。唐が大祚栄集団を靺鞨と呼んでいたことは、「鴻臚井碑」に記された崔訢の肩書に「宣労靺鞨使」とあることから明らかである。したがって、唐が呼び方を改めたという解釈はありうるが、唐はこの時期「渤海靺鞨」と呼んでおり、「渤海」のみとなるのは約三〇年後である。一方、主語を大祚栄とみて、当初の自称国号は「靺鞨」だったという解釈が中国にある。この理解は渤海が高句麗の後継者を自認していた点と矛盾しており、首肯しがたい。

私は、主語は大祚栄とみるが、この文の意味することは外交文書上の問題と考える。外交文書では当然、自称でも、相手を呼ぶ場合でも、何らかの肩書を付ける。渤海と唐の関係は、唐が渤海に働きかけて始まったため、その国書には大祚栄に「靺鞨」の王もしくは酋長という肩書が記されたはずである。これに応えた大祚栄からも国書があったはずで、そこには唐の呼びかけに応えて同様の肩書が使用されたと思われる。これが冊封によって「渤海郡王」に代わり、「靺鞨」は使われなくなったというのが、ここの意味と思われる。

渤海は、日本と通交を開始する際にも「渤海郡王」の肩書で国書を送っており、唐とその影響力の強い地域に対する渤海王の対外的な肩書は、この冊封時点から「渤海郡王」となったとみられる。それが次第に国内外で国号化して「渤海」となるのである。

二代大武芸の領域拡大

大祚栄は冊封を受けて唐帰属の意思を明瞭にしたが、実際には依然として突厥の力が強く、当初は両属状態であった。ところが七一六年、鉄勒《てつろく》のバヤルク部をモンゴル高原北部のトーラ河畔で撃破した突厥カプガン可汗が、その残存勢力に不意を襲われ、急死する。突厥内には後継者争いが起こり、最終的にはビルゲ可汗が勝利するが、この間、突厥帝国は一時的に瓦解した。この機に、契丹・奚をはじめとする突厥東方の諸勢力は一斉に唐に服属し、当然、渤海も突厥との関係を絶った。

初代大祚栄は七一八年末頃亡くなり、高王と諡《おくりな》された。跡を継いだのは嫡子の桂婁《けいろう》郡王大武芸《だいぶげい》で、七一九年三月、唐から父と同じ渤海郡王に冊封され、翌年、武芸の嫡子大都《だいと》利行《りこう》が唐から桂婁郡王に冊封された。武芸が桂婁郡王に冊封された時の記録はないが、大祚栄冊封の際に同時に授けられたと推定される。桂婁は高句麗五部の一つで、高句麗王家が属した部の名であり、高句麗の別称としても使われた。したがって、桂婁郡王には高句麗系の人々の統括者としての意味合いが含まれていたと考えられる。

大武芸は、『新唐書』渤海伝に「土宇《どう》を斥大《せきだい》し、東北の諸夷畏《おそ》れて之に臣す」とあるように、領土を大きく拡大した武断の王と伝えられる。建国当初の領土拡大は、旧高句麗領を中心に行われ、敦化から南に拡大して鴨緑江に沿って黄海へ出る方向と、東に拡大して図們江《ともんこう》に沿って日本海に出、さらにその海岸を南下する方向とがあった。武芸が継承した段階でこれらの領土化はほぼ完了していたと推定される。なぜなら、すでに鴨緑江から海路で唐と往来できたし、日本海側では、七二一年に新羅がその北境に長城を築き、渤海の南下に備えたからである。

そのため大武芸による領土拡大は北上中心に行われた。北の払涅・鉄利・越喜の諸靺鞨は、渤海が冊封された翌年から唐に使者を送っていたが、武芸即位後にその頻度が増してほぼ毎年になる。七二二年には、さらにその北の黒水靺鞨が唐に通じ、唐から勃利《ぼつり》州の州名を与えられた。これらの動きは、北進しようとする渤海を唐に臣属することで牽制しようとしたものと考えられる。その使者は渤海の領域を通過しなければならなかったが、渤海も唐に臣属する以上、それを許さざるをえなかった。そこで七二四年から、渤海は自らの使者を一緒に入唐させ、北部靺鞨諸族の使者を監視・監督するようになる。

この動きに対し、七二六年、黒水は間道からこっそりと唐に使者を送った。唐はその地に黒水州都督府を設置して、族長を都督に任命、監督官である長史として唐の官吏を送り込んだ。これを境に、渤海は北部靺鞨諸族の入唐を阻止するが、黒水は七二八年に再度遣使し、唐は黒水州都督であったその族長に李献誠《りけんせい》の姓名を賜い、雲麾《うんき》将軍兼黒水経略使の官職を与える。李は唐皇帝の姓である。唐は忠誠を尽くす異種族の長への李姓賜与を頻《しき》りに行ったが、これもその一例である。ここに至り、唐が渤海の北進を支持しないことが明らかとなった。

王弟大門芸の亡命

七二六年の黒水靺鞨の対唐遣使とそれに応えた唐の黒水州都督府設置は、渤海に大きな衝撃を与えた。大武芸は、唐が黒水と示し合わせて渤海を挟撃しようとしているのではないかと疑い、機先を制すべく、弟門芸を黒水攻撃に向かわせようとする。門芸とは、唐に宿衛として派遣されたあの人物である。門芸は武芸に、高句麗滅亡を例に、唐を敵に回すことの危険を諫《いさ》めるが、武芸は聞き入れず、黒水攻撃を決行する。門芸は陣中からも書状を送って諫言するが、これが武芸の逆鱗に触れ、武芸は門芸を呼び返して殺そうとする。門芸はそれを察知して逃亡し、間道を使って唐に亡命する。唐側の史書はこのように大門芸の亡命事件を記す。

しかし、これをそのまま事実として信用することはできない。なぜなら、その情報源は亡命した大門芸の供述であり、内戦を伝える唐側史料もあるからである。また、亡命年次についても、かつては七二六年と考えられていたが、近年の研究では七三〇年後半以降という考証結果が出ており（古畑徹「大門芸の亡命年時について」『集刊東洋学』五一、一九八四）、そうした研究成果に基づくとこの事件は次のように再構成される。

唐の黒水州都督府設置を受けて、渤海の政権内部は二つに割れる。従来通りに北進策を進めようとする国王武芸らと、唐との軋轢《あつれき》を避けるために北進中断を主張する王弟門芸らである。このときは王の嫡子・大都利行《だいとりこう》が宿衛として唐に居たこともあり、使者の派遣回数を増やして唐への働きかけを強め、唐と黒水のさらなる親密化を阻止しようとした。ところが、宿衛として対唐外交の最前線にいた大都利行が、七二八年に唐で客死してしまう。唐はこの年に黒水の族長に李献誠の姓名を賜い、雲麾将軍兼黒水経略使の官職を与えたが、それには大都利行の死が関係している可能性がある。

大都利行の死には、それだけではない重要な意味が二つあった。先述のように、宿衛には人質という側面がある。大都利行が唐にいるということは、渤海の太子が人質に取られているということでもある。彼の死は、この点での渤海の弱みが消えたことでもある。これが第一の意味である。その後も渤海は王弟を宿衛として唐に送るが、与えられた官職は従来より低く、本当の弟ではない可能性が高い。

第二の意味は、渤海国内ににわかに後継者争いの火種が発生したことである。大氏系図を見ればわかるように、兄弟による王位継承がしばしば起こっており、渤海では兄弟にも王位継承権があったと推定される。だからこそ、嫡子を唐から桂婁郡王に冊封してもらい、他の継承権保持者との格の違いを明確にする必要があったのであろう。その桂婁郡王が亡くなったのだから、後継者問題が発生する。武芸と門芸の対外方針の対立は、こうして後継者争いを内包することとなったのである。

ここに新たな国際情勢が登場する。七三〇年に契丹・奚が唐に反旗を翻《ひるがえ》し、突厥ビルゲ可汗側に付いたのである。こうなると、親唐的な門芸側の不利は明らかで、実際に内戦があったとは断定できないが、それほどに激しい対立の末、彼は唐に亡命した。

唐渤紛争前夜

門芸の唐への亡命は、渤海と唐の関係悪化に拍車をかけた。武芸は、門芸の誅殺を唐に要求するが、親唐的な主張が原因で亡命してきた者を玄宗が殺せるはずはない。そこで門芸をこっそり安西（現在の新疆《しんきょう》ウイグル自治区方面）へ派遣し、渤海の使者を長安に留め置いて、武芸のもとに使者を送り、唐に帰投した者を殺すわけにはいかないので嶺南《れいなん》（現在の広東《かんとん》省・広西省・海南《かいなん》省および湖南《こなん》省・江西《こうせい》省の南部）に流した、と返事をした。当時嶺南は、高温多湿で瘴気《しょうき》のある悪地として知られ、流されて命を落とす者も多かった。つまり、殺すわけにはいかないが、死ぬ確率の高い場所に流したからそれで承知してくれ、というわけである。

ところが、事実が漏れて嘘がばれてしまう。渤海の使者が宿泊する鴻臚館《こうろかん》を管理する鴻臚寺の次官が部下の監督責任を問われて左遷されているので、この漏洩事件は鴻臚館で起こり、事実を知った渤海の使者がこっそりと人を逃がし、その者が間道を使って渤海にたどり着いて事実を伝えたと考えられる。激怒した武芸は、信を人に示すべき大国が欺誑《ぎきょう》を行うとは何事かと玄宗を責め、改めて門芸誅殺を求める国書を送った。玄宗はやむなく門芸を実際に嶺南に流し、返書する。

この返書を起草したのが、のちの名宰相張九齢《ちょうきゅうれい》で、彼の文集にはその生々しい文章が残されている。それを要約すると、「安西へ送ったという嘘は、武芸のためである。皇帝は天下に兄弟の友愛を示すべき存在であり、兄の意によって弟を殺すわけにはいかないし、兄である武芸の名誉のためにもすべきではない。朕は寛容の心を以て今まで軍事行動を控えてきたが、それにも限度がある。過ちを悔いて唐への誠意を示せ」となる。問責に対し大国の威信を以て応えるこの国書には、名文家張九齢の面目躍如《めんぼくやくじょ》たるものがあり、実際に彼はこれを機に詔勅を起草する知制誥《ちせいこう》となり、宰相に登り詰めていく。

この国書は七三一年秋に出されたと推定されるが、渤海はその冬の使者を最後に唐への遣使をやめる。その背景には、渤海が契丹・奚とともに突厥側に付いたことがある。張九齢起草の国書にも、渤海が遠方にあることを頼みに唐に要求を突き付けているという内容の一節があるが、契丹・奚が反唐側だったため、唐は大軍を送って渤海を攻められなかったのである。ところが、その契丹・奚が七三二年春に唐に大敗し、奚の一部が唐側に帰順すると、状況は一変する。危機を感じた渤海が取った行動が、先制攻撃である。

遼東・朝鮮半島方面への陸路がふさがれている時、唐は海上輸送で兵を送るのが常で、その基地が山東《さんとう》半島北岸の登州（山東省蓬莱《ほうらい》市）であった。渤海は、七三二年秋にここを襲撃してその長官を殺害した。こうして唐渤紛争と呼ばれる渤海と唐の軍事紛争が始まる。

唐渤紛争の展開

次いで渤海は、契丹が唐に対して再攻勢をかけた馬都山《ばとさん》の戦いに、突厥・奚とともに参加した。このとき、渤海の兵は船で海上から戦場に至った。敗れた唐は、態勢を立て直すべく、対契丹の最前線・幽州《ゆうしゅう》に名将張守珪《ちょうしゅけい》を配置し、その兵力の一部を割いて、かねてより渤海と緊張関係にあった新羅とともに渤海に侵攻した。しかし、大雪に遭い、兵力の大半を失うほどの敗北を喫する。七三三年の冬である。

以後、唐は新羅に渤海を牽制するように指示しつつ、正攻法で契丹・奚の攻略に全力を注いだ。ちょうど七三四年にビルゲ可汗が毒殺され、再び突厥帝国は一時崩壊する。これを機に唐は攻勢をかけ、年末には契丹・奚を服属させた。こうなると渤海は孤立する。大武芸はすぐに唐への遣使を再開し、謝罪した。直ちに捕虜交換が行われ、両国の関係は修復された。以後、渤海は原則として唐と良好な関係を保ちつづける。

一方、唐から渤海牽制役に指名された新羅も功績が認められ、七三五年、唐から浿江《ばいこう》以南の地、要するに旧百済領と平壌以南の旧高句麗領を正式割譲された。こうして新羅は七世紀半ばの三国抗争末期以来の宿願を達成する。

ちなみに大門芸は、紛争が始まると嶺南から洛陽に戻ったが、武芸はその命を狙って刺客を放つ。刺客は、洛陽の中央を流れる洛水《らくすい》にかかる天津橋の南で門芸を襲うが、門芸はこれと格闘して難を逃れる。失敗した彼らは洛陽の長官に捕殺された。亡命した兄弟の殺害を企てるというのはどこかで聞いたような話だが、それだけ門芸の存在が武芸政権にとって危険だったのである。

対日通交の開始と北部靺鞨に対する覇権

唐渤紛争を経るなかで、渤海を取り巻く国際情勢に二つの変化があった。一つは、七二七年に渤海が日本に使者を派遣し、日本との国交が始まったこと、もう一つは北部靺鞨に対する渤海の覇権を確立したことである。

日本との国交開始については、国書の文言から軍事同盟を結ぼうとしたものであることがわかっている。では、どこに対する軍事同盟か。かつては大門芸の亡命を七二六年とみていたため、唐との関係悪化によって孤立した渤海が日本に援助を求めたと理解されていた。今もそうした説明は多い。しかし、七二七年ではまだ門芸は亡命しておらず、武芸政権は親唐勢力を内包し、唐への働きかけを積極的に行っている最中である。おまけに日本と結んでも対唐戦略上は意味がない。

注目すべきは、渤海と日本で挟撃できる新羅との関係である。高句麗後継を自称して南下を志向する渤海と、一部高句麗領の領有を主張して北上を志向する新羅とが対立するのは必然で、両者は七二〇年頃までに日本海側で接近し、新羅が長城を築いたことはすでに述べた。周囲の国際情勢が悪化に向かうなか、すでに緊張関係にあった新羅に対して布石を打とうとしたのが、日本との国交開始なのである。

一方、唐渤紛争の間の北部靺鞨諸族に対する渤海の行動を記した史料はない。それでも北部靺鞨諸族の対唐遣使は、この間、途絶えているから、渤海が彼らの対唐通交を遮断していたことは間違いない。紛争が終わると再開されるが、頻度は激減する。また、韓愈《かんゆ》の「烏氏《うし》廟碑銘」（八一四）には、この時期に黒水靺鞨が唐に来投して平盧節度使の部将・烏《う》承玼《しょうし》の配下に入ったことを伝えるとみられる一節がある。これらから、唐渤紛争の間に渤海は北部靺鞨諸族への圧力を強め、黒水靺鞨にまで影響力を浸透させ、その親唐派は唐に来投せざるをえなくなったと推定される。北部靺鞨諸族に対する渤海の覇権が確立したからこそ、紛争後、渤海は唐との友好的な関係を保ち続けられたともいえよう。

大武芸は七三七年に亡くなり、武王と諡《おくりな》された。代わって子の欽茂《きんも》が即位し、翌年、渤海郡王に冊封された。以後、七九三年に没するまで、彼の治世は五七年の長きにわたった。

大欽茂の即位と上京竜泉府

大欽茂代は、唐にならって諸制度を整備し、その支配体制を固めた時代とされる。ただ、周囲にさまざまな影響を与えた動乱の武芸代と異なり、周辺諸国の史料に渤海内部の変化を記したものは少なく、いつ頃どのように支配体制を固めたのかはわかりにくい。そのなかで比較的わかりやすいのが、王都の変遷とその背景である。

建国から武芸代までの渤海の都は、牡丹江上流の敦化盆地付近にあった。ここには王族の墳墓群である六頂山墳墓群があり、唐が渤海に与えた忽汗州という州名が忽汗河＝牡丹江に由来することからも、確実である。ただ、どの遺跡を王城に充てるかは確定していない。それは都にふさわしい遺跡が見当たらないということであり、この地では本格的な都城建設が行われなかったことを意味する。建国以来の動乱のなか、渤海は防衛を最優先にして敦化に都を置き続けたのであろう。

ところが、欽茂の即位後まもなくの唐の天宝年間（七四二〜七五六）、都は顕州に遷る。これは、吉林省《きつりん》和竜市の東、図們江支流の海蘭江《かいらんこう》の北岸に位置する西古城に比定され、のちに中京顕徳府《ちゅうきょうけんとくふ》となったとされる。ここは図們江水系から鴨緑江水系へとつながる幹線交通路上に位置し、防御的には敦化に劣るものの、唐や日本への通交には便がよい。欽茂代になり、対唐関係が安定し、日本との通交も始まり、東部ユーラシアを見渡しても突厥の弱体化により渤海にまで影響が及ぶ大動乱は起きそうになかった。そうした国際情勢が渤海に遷都を決意させたのであろう。

ちなみに、この遷都で建国当初からの都は「旧国」と呼ばれるようになる。この「国」は国家のことではなく、杜甫《とほ》の有名な漢詩「春望」の「国破れて山河有り」の「国」と同じ、都の意味である。「旧国」とは旧都のことである。

さらに欽茂は、天宝末に牡丹江中流の上京竜泉府に遷都し、唐の長安にならった巨大都城を建設する。注目したいのは立地である。渤海初期の中心地域は現在の延辺《えんぺん》朝鮮族自治州にほぼ重なるが、その北の山地を越えたところに上京は位置する。そこは渤海を建国した粟末靺鞨や高句麗人の地ではなく、北部靺鞨諸族の住地であった。交通路的には、図們江―鴨緑江の幹線から現在の図們市あたりで北へ分かれ、図們江支流の嘎呀《がや》河を遡《さかのぼ》り、分水嶺を越えて牡丹江水系に至ったところに当たる。このルートはさらに牡丹江を下って黒水靺鞨に至るもので、渤海初期の中心地域から黒水靺鞨に至る幹線上に上京は位置する。また、自然地理的に見れば、牡丹江河谷盆地の最上部にあたり、ここから北に開かれた盆地の扇の要《かなめ》に位置し、北進の拠点には最も都合のよい場所である。

こう見てくると、上京への遷都が渤海の北部靺鞨諸族支配の進展と関連することは間違いない。実際、越喜・鉄利・払捏の対唐遣使は七四〇年代初頭で途絶えており、この後まもなくして渤海に完全服属したとみられる。また、七四六年には、鉄利人および渤海人一一〇〇人余りが日本の出羽《でわ》に「慕化来朝《ぼからいちょう》」する事件が発生するが、これも渤海支配に抵抗する鉄利靺鞨人らが日本に大挙亡命したものとみられる。こうした北部靺鞨諸族支配を盤石にし、さらに北の黒水靺鞨支配をも睨んで、七五〇年代前半に威風堂々たる唐風の巨大都城として建設されたのが、上京竜泉府なのである。

この思い切った北方重視策も、唐や新羅との関係が落ち着いていたことが背景にあったと思われるが、七五五年、この状況が一変する。安史の乱の勃発である。

安史の乱への対応

安史の乱とは、幽州（北京市）に本拠を置く范陽《はんよう》節度使の安禄山《あんろくざん》とその後継者による反乱である。安禄山は挙兵後ただちに洛陽を落として大燕《だいえん》皇帝を称し、ついで長安《ちょうあん》に進攻した。玄宗は四川に逃れ、途中で分かれた皇太子（のちの粛宗）は西北辺の要地霊武《れいぶ》に逃れて即位し、ウイグルの力も借りて反撃に出る。その最中、安禄山は子の安慶緒《あんけいちょ》に殺され、その慶緒も洛陽を失ったのち部下の史思明《ししめい》に殺される。今度は史思明が大燕皇帝を名乗って洛陽を奪還するが、彼も子の史朝義《しちょうぎ》に殺される。一方、唐は再びウイグルを味方に付け、その援軍を得て攻勢に出、洛陽を奪還し、敗走した史朝義を追撃。七六三年正月、追い詰められた史朝義は幽州で自殺し、反乱は終結する。

安史の乱が、強大な軍事力を擁して東部ユーラシアの安定の核となっていた唐を内部から大きく揺るがしたことは、渤海周辺を一気に不安定にした。渤海から安史の乱情報を得た日本の藤原仲麻呂《ふじわらのなかまろ》政権は、自らへの権力集中の意図を含みつつ、かねてより関係の悪かった新羅に対する征討計画を立て、渤海に協力を求め、七六二年実行予定で準備を進めた。この協力要請への渤海の諾否《だくひ》については、研究者間で意見が分かれるが、私は、渤海は諾否を明確にしないまま、武官の渤海使を日本に送り、関心のある姿勢だけを示したと推定している（古畑徹「渤海王大欽茂の「国王」進爵と第六次渤海使」『集刊東洋学』一〇〇、二〇〇八）。

また、渤海は反乱勢力の東方に近接するので、唐も反乱勢力も働きかけをしてきたことが、断片的にわかっている。たとえば、唐側に付いた営州の平盧軍は、渤海に二度援軍要請をしたが、大欽茂は慎重に情報の真偽を確かめるべく使者を留めた。また、七六二年四月に唐では玄宗・粛宗が相次いで没し、代宗が即位するが、この時、史朝義は、唐は玄宗・粛宗が亡くなって混乱し、後継者は即位できぬまま窮地に陥っているという偽情報をウイグル・渤海に流し、味方に付けようとした。渤海はこれに対しても慎重で、第六次渤海使は日本にこの情報を伝えたものの、日本側の新羅征討計画参加の最終要請には不参加の意思を伝えた。

安史の乱により、渤海に南や西に勢力を拡大する機会が来たことは間違いない。それゆえ、渤海が遼東を占領したとする説も存在するが、史料的裏づけが不十分で、従い難い。唐の安東都護府の推移を検討した赤羽目《あかばめ》匡由《まさよし》も、安東都護府は当時遼陽にあったとし、この説を否定する（「安東都護府の推移と安史の乱における渤海の遼東進出問題」『渤海王国の政治と社会』吉川弘文館、二〇一一）。乱に際して渤海は、動かずじっと事態の推移を見守りつづけたとみるべきであろう。

乱の間、渤海は唐の朝廷に二度しか遣使しておらず、大欽茂は唐の実力に懐疑的だったようである。にもかかわらず、七六二年四月に即位した代宗は、その爵位を「渤海郡王」から「渤海国王」に進めた。これは即位に伴う群臣への官爵加授の一環で、周辺諸国の王でこの栄誉に預かったのは大欽茂だけである。時は安史の乱平定前夜である。唐は渤海が反乱勢力側に付かなかったことを功績とし、褒賞を与えて味方に付けたかったのであろう。

大欽茂の晩年と東京竜原府

安史の乱が終わると、渤海は唐にしきりに使者を派遣する。『新唐書』渤海伝は大暦年間（七六六〜七七九）に二五回も渤海から使者が来たと伝える。頻繁な交渉を要するような外交問題を両国間には認めがたいため、異様なほどのこの回数の理由として、まずは唐にならって集中的に制度を整備しようとしたことが考えられる。七七三年に渤海の王子が竜の刺繍のある皇帝の礼服を盗んで捕まるという事件を起こすが、この背景に唐の制度文物を急速に導入しようとする渤海の姿勢を見ることができよう。

一方、対日遣使も多く、七七〇年代には四回の使者があり、うち二回は従来にない大人数使節であった。これは、渤海使の目的が軍事同盟から回賜《かいし》等の獲得を意図した経済的なものに変化した結果であろう。回賜の多くは同行した靺鞨諸族の「首領」に与えられたが、これについては、靺鞨諸族を間接統治する代償として首長層に経済的な利益を与え、その支配に利用したとの理解が存在する。これは「首領制」と呼ばれる仮説で、この理解に従うなら、こうした使節の派遣は、北部靺鞨諸族支配が進展し、支配システムの整備がこの時期に行われたことの反映である。これも対唐遣使の回数の多さの理由であろう。

このように大欽茂治世の後半は、渤海の支配システムが整備された時期とみられるが、最晩年の欽茂はその舞台、上京竜泉府を棄て、東京竜原府《とうけいりゅうげんふ》（吉林省琿春《こんしゅん》市八連城）に遷都する。時期は唐の貞元《ていげん》年間（七八五〜八〇五）と伝えられるが、欽茂は七九三年に死去するから、貞元前半である。

遷都の理由を語る史料はない。東京竜原府が対日通交の拠点であることから、それと関連づける見解があるが、貞元年間前半の渤海使は七八六年の一回のみで、妥当とは思えない。濱田耕策《はまだこうさく》は、大欽茂が七七六年に王妃、七七七年に次女貞恵《ていけい》公主に先立たれ、嫡子宏臨《こうりん》も早死した事実をもとに、こうした不幸が上京からの遷都の一要因と推定する（『渤海国興亡史』吉川弘文館、二〇〇〇）。古代のメンタリティーからするとありうるが、決定的な要因とするには決め手が足りない。謎の多い遷都だが、そこに権力闘争が絡んでいたことは、推測に難くない。なぜなら、欽茂の死後に混乱が発生するからである。

大華璵の中興と大嵩璘の国王冊封

『新唐書』渤海伝によれば、七九三年、大欽茂の死後に王位に即いたのは、傍系に当たる族弟の大元義《だいげんぎ》だった。しかし、猜疑心《さいぎしん》が強く残虐であったため、一年足らずで「国人」によって殺され、大欽茂の嫡孫である大華璵《だいかよ》が王となり、都を上京に戻し、年号を「中興」としたという。なお、殺された元義に諡《おくりな》はない。

この内紛について、これ以上詳細な史料はない。それでも元義に諡がなく、華璵の年号が中興であるから、元義が簒奪《さんだつ》者扱いであることは明らかである。また、元義の拠点が東京にあったからこそ、上京への還都が行われたとの見方も可能である。「国人」という用語は、新旧『唐書』では周辺諸国の伝に多用され、字義的にはその国の人々であるが、具体的にはその支配層を指すことが多い。いかなる事情で傍系の元義が即位したかは不明だが、最終的には支配層の支持を得られず、殺されて簒奪者のレッテルが貼られたのである。

王位を直系に取り戻した華璵も一年で亡くなり、成王と諡された。「成」は、中国の諡《し》法《ほう》によれば「民を安んじ政《まつりごと》を立てるを成と曰《い》う」（『逸周書《いっしゅうしょ》』諡法解）とあるから、混乱から民を救い安んじた王という評価がなされたわけである。

跡を継いだのは弟の大嵩璘《だいすうりん》で、彼は王位を継ぐと、使者を唐に送り、七九五年二月に渤海郡王・左驍衛大将軍に冊封された。これは祖父の大欽茂が渤海の王位を継いだときの官爵と同じである。その後、欽茂は渤海国王に進爵し、官職も司空《しくう》・大尉にまで上昇したが、嵩璘にはこれらの継承が許されず、もとに戻されたのである。

この一見降格と見える冊封の理由を、渤海の内紛に求める見解は多い。しかし、それは間違いである。なぜなら、内紛の記事は、唐側史料に基づいた『旧唐書』などにはなく、『渤海国記』を情報源とした『新唐書』以降の史料にしか掲載されていないからである。つまり、大嵩璘冊封の際、内紛の情報は唐に伝えられていなかったのである。また、嵩璘は唐に対して欽茂の「少子」（末子）と称して冊封を受けているが、これも高齢の欽茂からの継承がスムーズに行われたように見せかけるための偽装であろう。

官爵がもとに戻された真の理由は、渤海国王進爵が大欽茂個人に対して行われたからである。唐は「渤海国王」を国の格とは考えず、彼一代のものと理解していたのである。しかし渤海からすれば、現象として降格であり、これを黙っている手はない。そこで嵩璘は使者を派遣して欽茂の官爵加授の経緯を述べたて、国王への冊封を要求した。その結果、七九八年三月、嵩璘は渤海国王に再冊封される。これにより渤海の格付上昇は確定した。

大嵩璘統治の一五年間は、北部靺鞨諸族も服属し、安定した時代だったようである。八〇八年に死ぬと、康王と諡されるが、諡法によれば「安楽にして民を撫するを康と曰う」とあるから、民をいつくしみ安楽をもたらした王という評価を受けたのである。渤海が「海東の盛国」と呼ばれたのは、三代あとの大仁秀《だいじんしゅう》期だが、すでに嵩璘代にはそれにふさわしい国勢だったのである。

「海東の盛国」から滅亡へ、そして遺民たち

大祚栄直系王統の断絶

大嵩璘の死後、王位は子の元瑜《げんゆ》に継承され、八〇九年正月に渤海国王に冊封されたが、在位わずか五年で亡くなる。諡は定王で、これも民を安んじたものに贈られる諡号《しごう》である。

跡を継いだのは弟の言義《げんぎ》で、八一三年正月に渤海国王に冊封された。このとき、唐側史料は彼の冊封前の肩書を「権知国務《けんちこくむ》」と記すが、これは正規の官職ではない。このあとの冊封記録は、第一〇代大仁秀、第一一代大彝震《だいいしん》しかないが、両名とも「(権) 知国務」から渤海国王に冊封された。当時の藩鎮任命の史料を見ると、軍団内で後継者が決定され、それを唐王朝が追認するとき、任命前の肩書に「(権) 知留後」と書かれる場合がある。おそらくそれと同じで、渤海国内ですでに王位が継承され、唐は冊封でそれを追認するた

め、冊封前の肩書をこのようにしたと考えられるのである。

大言義の統治期間も短く、八一七年には亡くなり、僖王《きおう》と諡された。王位は弟の明忠《めいちゅう》に継承されたが、彼も一年で亡くなり、簡王《かんおう》と諡された。これで大祚栄の直系は断絶し、王統は祚栄の弟野勃《やぼつ》の子孫である大仁秀の家系に移る。

この短命な兄弟王三人の治蹟として、記録に残されたものはほとんどない。しかし、手掛かりは皆無ではない。それが言義の諡号「僖」である。僖は、中国の諡法によれば、「小心にして畏《おそ》れ忌むを僖と曰う」あるいは「過ち有れば僖と為す」とあり、事蹟に問題はあるものの同情の余地がある人物に贈られる。したがって、具体的なことは不明だが、言義代に国内に何らかの混乱が生じたことは間違いない。

大仁秀の即位と「海東の盛国」

大仁秀は領土を拡大し、「海東の盛国」と呼ばれる最盛期を現出したとされる。その領土拡大について、『新唐書』渤海伝は「仁秀、頗《すこぶ》る能《よ》く海北諸部を伐ち、境宇を開大して、功有り」と伝え、『遼史《りょうし》』地理志の東京遼陽府興遼県条にも「唐の元和中（八〇六〜八二〇）、渤海王大仁秀、南のかた新羅を定め、北のかた諸部を略し、郡邑《ぐんゆう》（州県の別称）を開置し」たとある。『新唐書』の「海北諸部」と『遼史』の「諸部」は同じとみられ、前者の「海」は中露国境にある興凱《こうがい》湖《こ》（当時の呼称は湄沱《びだ》湖）とするのが定説である。したがって、仁秀は、ウスリー江流域から黒竜江流域の北部靺鞨諸族を服属させて東北方面に領域を拡大したのである。ただし、実際はもう少し複雑である。この方面最強の黒水靺鞨は、八世紀末にはいったん渤海に服属していたことが、『唐会要《とうかいよう》』の靺鞨の項の分析からわかっている（古畑徹「『唐会要』の靺鞨・渤海の項目について」『朝鮮文化研究』八、二〇〇一）。ところが、八一六年、単独で唐に朝貢しており、この頃渤海の支配下を脱したらしい。これは渤海国内に混乱が生じた言義代にあたる。つまり、仁秀の北方攻略とは、離反した黒水靺鞨とそれに同調する北部靺鞨諸族を征討して再度支配下に置いたものなのである。

また、『遼史』には、南進して新羅を平定したような表現が見られるが、これは新羅との軍事衝突を意味すると思われる。新羅側に直接その事実を記す史料はなく、勝敗もわからないが、『三国史記』新羅本紀には、八二六年に浿江《ばいこう》に三〇〇里の長城を築いた記事がある。これが軍事衝突後に新羅が取った対策であろう。

大仁秀代が「海東の盛国」と呼ばれるのは、領土が拡大されたからだけではない。九世紀前半には、断片的ながらも渤海の諸相を記したさまざまな史料が存在する。それらを繋ぐと、諸制度が整備され、文運が興隆し、経済活動も活発化した渤海の姿が浮かび上がるが、詳細は後述する。

大彝震の時代

大仁秀が八三〇年に亡くなると、嫡孫の大彝震《だいいしん》が跡を継ぐ。これは嫡子新徳《しんとく》が早逝したためで、仁秀は即位時点で高齢だったようである。仁秀逝去と彝震即位の報はすぐに唐に伝えられ、翌年には彝震が渤海国王に冊封された。以後、八三〇年代の間、渤海はほぼ毎年唐に使者を送り、きわめて友好的な関係が続いた。

彝震が使者を送ったのは唐の朝廷だけではない。八三三年、彼の使者として司賓卿《しひんけい》の賀《が》守謙《しゅけん》という人物が幽州節度使楊志誠《ようしせい》のもとに派遣されたことが、張建章墓誌に記されている。これに応える使者として選ばれたのが張建章で、八三四年九月に海路で渤海に向かい、上京で越年し、翌年九月に帰還して『渤海国記』を記したのである。『新唐書』渤海伝には、渤海が幽州節度使と相互に聘問《へいもん》していたとあり、こうした相互訪問が繰り返されていたことを指すとみられる。

では、なぜ渤海は幽州節度使と連絡を取り合っていたのだろうか。幽州節度使は半独立的な河朔《かさく》三鎮の一つだが、一方でモンゴル高原にあったウイグルおよびその東方勢力の奚・契丹の中原への侵攻を前線で食い止める役割も果たしていた。奚・契丹を抑えるうえで欠かせないのが、後背勢力との連携である。その位置にあたる渤海も、当時、西に隣接する契丹と対峙関係にあったことが、『新唐書』渤海伝に見える。つまり、この両者は対奚・契丹という点で利害が一致し、綿密に連携し合っていたのである。

八三三年の使節については、もう一つ面白いことがある。渤海の使者として幽州に至った賀守謙の名が、八四一年に渤海中台省《ちゅうだい》から日本の太政官に送られた「渤海国中台省牒」（図3）の署名欄に、発令者の一人として載っていることである。このときの彼の肩書は政堂省春部卿だが、『渤海国記』に基づく『新唐書』渤海伝の官制記事にこの官名はない。それは、八三四年頃から八四一年までに官名変更が行われたからで、政堂省春部は官制記事の政堂省義部が改名したものに間違いない。

官名変更は、官制改革にともなって行なわれることが多い。渤海の冊封使で八三二年に帰国した王宗禹《おうそうう》も、渤海が唐をまねて神策軍という禁軍を新設した事実を伝えていて、大彝震の即位前後に軍制改革が行われたとみられる。これらのことは、「海東の盛国」と呼ばれるまでに成長した渤海が、体制の安定的な維持のため改革を行った可能性を示唆する。不明瞭な部分も多いが、ここでは大彝震の時代を「海東の盛国」を維持すべく改革が試みられた時代、と位置づけておく。

九世紀後半の渤海国

八五七年、大彝震が亡くなると、王弟の虔晃《けんこう》が即位する。彼の名は「渤海国中台省牒」の署名欄にも登場し、肩書は「中台親公・大内相」である。

『新唐書』渤海伝の官制記事によれば、渤海の中央官庁は宣詔《せんしょう》省・中台省・政堂省の三省をトップとし、それぞれの長官を左相・右相・大内相といい、大内相がそのなかでもトップ、左相・右相がその次に位置していた。また、中台親公という官名はないが、これが中台省の長官であったことは間違いなく、王弟なので特殊な官名が作られた可能性がある。つまり、彼は八四一年時点で、二省の長官を兼ねる宰相的存在だったのである。その虔晃が王になったのである。

この評価はむずかしい。王族中心の政治運営が行われ、王権が強化されたとする理解もあれば、宰相たる王弟に権力が集中して王権自体は弱体化したという解釈もできる。後者の理解の場合は、彝震が王位を継いだ当初はその長子が「副王」として皇太子的地位にあったことがわかっているので、これとの関係も問題になる。早逝したかもしれないし、廃立されたかもしれない。ともかくも、唐側の記録が大幅に失われていることもあり、この時期から渤海の内情は本当にわからなくなる。

虔晃から次の玄錫《げんしやく》への王位継承時点も明瞭ではない。八七一年末に来日の渤海使は玄錫が送ったものなので、その前に交代があったわけだが、時期を明示する史料がない。また、虔晃と玄錫の関係も不明で、手掛かりはまったくない。

さらに次の瑋瑎《いかい》は、長い間、存在すら知られていなかった。一九三〇年代前半、『唐会要』翰林院《かんりんいん》・乾寧二年（八九五）一〇月条に渤海王大瑋瑎に勅書を賜う記事があることが発見され、初めて実在が確認された。当然、即位年も、系譜のどこに位置づくかも不明である。

このように、九世紀半ば以降の渤海の様子は不明だらけだが、九世紀前半の繁栄がそのままとは考えにくい。『三国史記』新羅本紀には、八八六年に日本海側にあった北鎮（現在の咸鏡南道安辺《アンビョン》付近）に異民族がやってきて、木片を木にかけて帰ったので、それを取ってみると、「宝露国と黒水国人と共に新羅国に向かいて和通す」と書かれていた、という記事がある。この宝露国と黒水国は、八世紀半ばに北方から新羅との境界地帯に移住させられた黒水靺鞨人集団とみられる。服属してきた彼らを本拠地から引き離して離反を防ぐとともに、対新羅防衛に利用しようとしたのである。その彼らが自らの部族名を名乗って、勝手に新羅に通交を求めたというこの記事は、渤海の辺境支配の弛緩《しかん》を窺わせる。

とはいえ、その弛緩を強調して渤海がすでに衰退に向かっていたともいえない。八九七年に唐の朝廷で起こった新羅との争長事件がそれを示している。これは賀正使として入唐した渤海の王子が唐に正月朝賀の席次を新羅より上にするよう求め、許可されなかった事件である。唐側に記録はないが、先に紹介した崔致遠の「北国の上に居るを許さざるを謝するの表」にその概要が記されている。

それによれば、渤海の上席要求の根拠は、新羅より国勢が強盛であるという点にあった。これは渤海の認識だが、それが対外的に通用するからこそ根拠としたはずである。唐が渤海の要求を拒否したのは、旧来の慣行に従ったからで、渤海側の根拠を否定したわけではない。新羅は当時、地方支配が崩れて群雄が割拠し、事実上朝鮮半島東南部の地方政権に転落していた。これと比較すると、誰の目にも渤海が強盛に映っていたのである。

以上より、九世紀後半の渤海は依然、繁栄を続けていたものの、辺境支配にゆるみが出つつあった時代とみておきたい。

契丹の勃興と渤海の動揺

一〇世紀に入ると、渤海を取り巻く情勢は大きく変動する。朝鮮半島では新羅が衰え、八九二年に後百済が、九〇一年に弓裔《クンイエ》の後高句麗が建国し、後三国時代に突入する。その後、九一八年に王建《ワンゴン》が弓裔に代わって高麗を立て、これが渤海と境を接する。中国では、黄巣《こうそう》の乱以降の混乱のなか、九〇七年に朱全忠《しゅぜんちゅう》が唐を滅ぼして開封《かいほう》を都とする後梁《こうりょう》を建国したが、ライバルの沙陀《さだ》政権が太原に割拠するなど、華北の一部しか支配できなかった。九二三年、沙陀政権は後梁を打倒し、洛陽を都として後唐《こうとう》を建国する。しかし、華中《かちゅう》以南を統合できず、十国と呼ばれる地方政権の割拠状態がその後もつづく。

こうした朝鮮半島や中国の変化以上に渤海に大きな影響を与えたのが、西方のモンゴル高原東部の情勢である。満洲に常に大きな影響を及ぼしてきたのが、南の中国と西のモンゴル高原の勢力であったが、中国は先述のように乱れ、モンゴル高原も九世紀前半のウイグルの崩壊後、混沌たる状況だった。そこに台頭したのが、耶律阿保機《やりつあぼき》のもとに統一された契丹である。耶律阿保機は迭剌部《てつらつ》の族長だったが、他の族長を打倒して統一を果たし、九〇七年に天皇帝に即位し、遊牧君主の称号「カガン」を自称した。さらに出身部内の反対派を鎮圧して王権を強化した阿保機は、九一六年に皇帝を称し、元号を立て、大契丹国を建国する。そしてモンゴル高原中央を制圧すると、かねてより対立関係にあった渤海に矛先を向けるようになる。

一方、渤海では、九〇七年以前に最後の王大諲譔《だいいんせん》が即位した。彼についても即位年や系譜上の位置は不明だが、九世紀後半と比べると、中国史料に渤海の名が格段に多く登場する。これは、唐末の朝廷の記録が失われたのに対し、五代の中原王朝の記録はよく残されていたからである。したがって、後梁・後唐への遣使記事がかなり存在することを変化と捉えるよりは、記録に残っていない遣使が唐末にも同程度あったと考えた方がよく、一〇世紀初頭の渤海に特に目立った変化はなかった。

渤海の動揺は、九一〇年代後半に始まる。新羅との国境地帯に黒水靺鞨を徙民していたことは先述したが、それは新羅の東北辺と西北辺の両方に存在した。また、室韋《しつい》の一種である達姑《たっこ》も新羅東北辺に徙民させられていた。ところが、九一八年、西北辺で侵害していた黒水が高麗に投降する。黒水の侵害が始まった時期は、九一五年頃と推定されている。

ついで九二一年、東北辺の黒水も高麗に投降するが、今度は達姑が高麗に来寇する。これらの記録は、この頃に新羅との国境地帯に配置された黒水・達姑らが渤海の羈絆《きはん》を離れて活動していたことを意味しており、渤海の辺境支配のゆるみが想定される。

さらに九二五年になると、高麗に渤海の王族・高官らが大量に投降する。三上次男《みかみつぎお》（一九〇七〜八七）は、渤海の宮廷に大きな内紛が発生し、それは王族・高官の国外脱出を引き起こすほど深刻だったと推定した（「渤海国の滅亡事情に関する一考察」『高句麗と渤海』吉川弘文館、一九九〇）。そしてこの内紛の隙を突き、契丹が渤海攻略に乗り出す。

契丹の侵攻と渤海の滅亡

耶律阿保機が、九二五年一二月の渤海進攻にあたって出した詔には、渤海は永年の仇であったと書かれている。しかし、史書で確認できる契丹と渤海の衝突は、前年五月に渤海が契丹の遼州を攻め、長官を殺して民を略奪したという記事と、これへの報復とみられる同年七月の契丹の渤海進攻しかない。ただ、建国前後から、東流松花江方面や鴨緑江河口方面に何度も遠征しており、このとき、渤海と衝突した可能性はある。九一九年、遼陽故城を修築して東平府を置いた際、そこに漢人とともに渤海人が移住させられたが、これはこの間の衝突で掠奪された渤海人であろう。

さて、耶律阿保機は閏一二月二九日、つまり大みそかに、渤海の対契丹拠点・扶余《ふよ》城を包囲し、正月三日に陥れる。そして渤海の王都忽汗城（上京竜泉府の別名）へと一気に兵を進め、正月九日には忽汗城を包囲。三日後、大諲譔は降伏を申し出、翌々日には臣僚を率いて城外に出て契丹の軍門に降った。まさに電撃作戦といってよく、間髪入れない軍事行動が渤海を滅ぼしたのである。

しかし、ということは、渤海は王が降伏しただけで、あまりダメージを受けないまま滅んだということである。そのため不満な兵卒は多く、彼らは接収のため城内に入った契丹人を殺し、諲譔はやむなく忽汗城で反旗を翻すが、すぐに契丹に攻略され、再度降伏する。その後、諲譔は契丹の都に護送され、その西方に築かれた居城で生涯を終えた。

また、耶律阿保機は、地方に対して降伏を促す詔諭を出し、二月三日には安辺・鄚頡《ばくきつ》・南海《なんかい》・定理等の府や諸道の節度使たちが拝謁に来たので、それを慰労して帰した。これはその地方支配をそのまま継続させたということである。ついで一九日には、渤海国を東丹《とうたん》国《こく》に、忽汗城を天福城に改名し、皇太子の突欲《とつよく》（中国名は倍《ばい》）を人皇王に冊立《さくりつ》して国主とした。宰相は契丹と渤海から半数ずつ選任され、両者の融合形態をとったが、事実上は渤海の官僚機構を温存したまま、契丹が支配者として上に乗るような形態だったとみられる。

こうした懐柔策にもかかわらず、三月になると、渤海各地で契丹への反抗が始まる。阿保機は、降伏しなかった長嶺府《ちょうれいふ》の攻略を開始したが、その間に安辺・鄚頡・定理の三府が反乱を起こした。これはすぐに平定されたが、以後、契丹に従わない地方勢力が次々と反旗を翻し、阿保機の次男尭骨《ぎょうこつ》はその平定に奔走する。

渤海の滅亡は契丹の巧みな戦略による突然の出来事であり、たとえ内紛があったにしても、それは渤海の戦略的対応に影響しただけで、滅亡を国家衰退の結果と捉えるのは正しくなかろう。その後の渤海遺民のあり方も、こうした滅亡事情と関連する。

なお、一九九〇年代、渤海の滅亡を一〇世紀の長白山／白頭山の大噴火と関連づけた説が登場しマスコミをにぎわせた（町田洋「火山噴火と渤海の滅亡」『謎の王国・渤海』角川書店、一九九二）。しかし、その後、大噴火時期が渤海滅亡後であることがわかり（宮本毅ほか「白頭山（長白山）の爆発的噴火史の再検討」『東北アジア研究』七、二〇〇三）、この説は消えた。こうした説がもてはやされた背景には、地球温暖化をはじめとする環境問題への関心の高まりと、史料も少なく突然滅亡した渤海に人々がロマンを掻き立てられたことがあろう。

東丹国の顚末

東丹国は契丹の属国といわれる。形式上は契丹の皇太子耶律突欲を国主に冊立した契丹の被冊封国だが、実権は契丹人が握っていたから属国という見方は間違いではない。ただ、遊牧国家契丹の構造からすると、少し違う理解もできる。この国は、王の耶律突欲、宰相の耶律羽之《うし》ら旧迭剌《てつらつ》部の有力一族の封地・知行地でもあった。もともと契丹は部の集合体で、遊牧勢力ならば部としてそのなかに取り込めたが、渤海はそれとは異質の巨大集団であった。そのため、その構造を解体せずに契丹のなかに取り込むには、領主を王・宰相に据える「国」という体裁を採る必要があったのである。ここではそうした側面にも留意して、この国の顚末《てんまつ》を見ていく。

九二六年七月、渤海遠征の帰路にあった耶律阿保機が、旧渤海の扶余府で突然亡くなった。そのため東丹国主突欲は阿保機の柩《ひつぎ》とともに上京臨潢府《りんこうふ》に戻った。通常で考えれば、長子である皇太子突欲が跡を継ぐはずだが、当時の契丹ではそうした中国的相続制度は確立しておらず、従来どおりに集会を参集して阿保機の三子のなかから後継者を決めることになった。翌年、会議が開かれると、突欲は自ら弟尭骨の馬の轡《くつわ》を取って帝位を譲り、衆議は尭骨に決した。こうして大契丹国二代皇帝太宗が誕生する。

ところが、譲位したはずの突欲は、東丹国への帰路、突然、後唐へ走ろうとして捕まってしまう。いったん幽閉されたのち、帰国を許されるが、太宗からすれば要注意人物であった。このことと、旧渤海領の抵抗の強さが相まって、東丹国宰相の耶律羽之は国の遷徙《せんし》を提案し、九二八年、都を遼陽に、その民を遼陽周辺に移す。国主突欲は、遷徙後まもなく医巫閭山《いふりょざん》（遼寧省北鎮市）に隠棲するが、九三〇年に後唐に亡命し、九三六年の後唐滅亡に際して横死する。

さて、王を失った東丹国だが、その後も国は存続する。王が任命された時期もあるが、王がいない方が長い。一方、その官制は維持され、渤海遺民の統治機構としての役割はそのままだった。やがて廃止されるが、時期についてはいくつかの説がある。最新の説によれば、東丹国の名称は九五〇年代初頭に廃止されたが、実態としてはその後も存続し、女真・高麗などに遠征を行った聖宗《せいそう》代の半ばまでは存在が確認できるという（高井康典行「東丹国と東京道」『渤海と藩鎮』汲古書院、二〇一六）。そして、一〇二九年、東京《とうけい》（遼陽は九三八年から契丹の東京になった）で渤海遺民大延琳《だいえんりん》が反乱を起こし、翌年鎮圧されると、これを機に東丹国独自の統治機構は解体され、漢人同様に統治されることとなった。

このように契丹に滅ぼされても、一世紀にわたって渤海人は独自の存在としてありつづけた。そうなるとそこには強いエスニック・アイデンティティが発生する。漢人とも違う渤海人は金《きん》・元《げん》を通じて存在し、それが漢人に吸収されるのは明に入ってからである。

定安国と女真族

時間を一〇〇年ほど前に戻し、話を東丹国西遷後の旧渤海領に移す。

滅亡直後から旧渤海領各地で契丹に抵抗する動きがあったことは、先述のとおりである。その一つの帰結が、渤海の遺臣による定安国《ていあんこく》の成立である。この国は契丹に抗して宋と通交したため、『宋史』に列伝が立てられているが、あまり具体的なことはわかっていない。従来の研究成果によって概要を記すと次のようになる。

渤海滅亡後、その遺臣らが王室を戴いて旧渤海の西南辺地域に政権を立て、契丹に抗していた。しかし、内紛が起こり、九三四年に渤海の世子《せいし》大光顕《だいこうけん》らが高麗に亡命する。権力を奪ったのは烈氏で、これが国を建て改元して定安国と称した。その時期は九三五・六年頃と推定される。都は旧渤海の西京鴨渌府《おうりよくふ》で、鴨緑江中下流域を支配し、それゆえ宋と通交できた。九七〇年に宋に遣使した王は烈万華《れつばんか》だが、九八一年の遣使時の王は烏玄明《うげんめい》で、この間に王家の交代があったとみられる。九八五年の契丹・聖宗の東方遠征に際して滅亡したとみられるが、その後も史書に定安国の人物を名乗る者が登場するので、その最後の記録である一〇一八年頃まで存続していたという見方もある。

以上が従来の見解だが、近年ではこれに批判的な見解も出されている（高井康典行「十世紀の東北アジアの地域秩序」『渤海と藩鎮』）。従来の見解には、西京鴨渌府は契丹に攻略されず、ここで大光顕が政権を立てたという前提がある。しかし、渤海滅亡時の西京陥落を記す墓誌が見つかり、大光顕も西京に拠っていたという確証はなく、この前提がまず危うい。また、烈氏の前身は南京南海府に割拠していた列氏とする見解もあるが、列氏のいた南京南海府は遼東遷徙後のものであった可能性が高く、割拠したわけではないようである。さらに、定安国の存在を記す史料が九七〇年以前にないことも、従来の見解には不利である。何とも不明瞭だが、ここではそれでも東丹国西遷後の権力の空白のなかで鴨緑江一帯を支配した勢力があり、それがその後の定安国となっていくと理解しておく。

東丹国西遷後の旧渤海領のうち、西南辺には定安国があったが、それ以外は女真族の地であった。女真はいくつもの種族の総称で、渤海の旧領にいた靺鞨諸族の後身とみられるが、南部靺鞨諸族は高句麗人と融合してすでに渤海人となっていたため、新羅との境界に移住させられていたものを含む北部靺鞨諸族の後身とみられる。ただし、北部靺鞨諸族のうちの黒竜江流域にいた黒水靺鞨本体やそこから分かれた五国部、鉄利の後身の鉄驪《てつり》、払捏の後身の兀惹《こつじやく》などは、この時代、女真とは区別されていた。

また、契丹の側からみると、女真も直接支配下の熟《じゆく》女真と、間接支配下の生《せい》女真に分かれていたので、渤海滅亡後の旧渤海領は、熟女真、生女真、女真に含まれない黒水などという三層構造的状況になっていた。このうちの生女真の一つ、完顔部《わんやんぶ》から金が生まれる。金は拡大過程で黒水などを吸収して女真族を再編し、それがその後の満洲族の核になる。

高麗に亡命した渤海人

最後に高麗に亡命した渤海人について述べる。

高麗への渤海人の亡命が滅亡直前にあり、それが宮廷の内紛によるとみられることはすでに述べた。その後、九二八・九年になると、渤海人の高麗への来投が相次ぐ。これは東丹国西遷時にあたっており、それに抵抗する者、あるいはそれに関連して圧迫を受けた者などであったと推測される。

その後も契丹が滅びるまで、断続的に渤海遺民の亡命記録があり、先述した九三四年の大光顕亡命の際には数万人、九七九年にも数万人、契丹東京での大延琳の反乱鎮圧時には契丹人等も混じった集団五〇〇人以上が亡命した。最後の来投は一一一六年の末から翌年頭にかけて契丹から来た一〇〇人弱である。契丹滅亡時に、渤海遺民の高永昌《こうえいしょう》が遼東の東京に拠って自立し大渤海国を称したが、すぐに金に潰された。最後に来投した渤海人らはこの余党であろう。

このような亡命渤海人に対し、高麗はあまりよい処遇をしていない。たとえば、渤海の世子を称した大光顕には、王継という姓名を与え、王室戸籍に編入し、都に近い白州《ペチュ》（黄海《ファンヘ》南道《ナムド》白川《ペチョン》郡）の長官に任命し、祖先の祭祀を行わせた。当時の高麗は、帰順してきた豪族をその地の長官に任命して支配を委ねるのが一般であったから、この措置も亡命渤海人を白州に移住させ、光顕をその実質的統治者に任じたものとみられる。これだけをみれば処遇が悪いとはいえないが、新羅のように王室と婚姻関係を結んだり、官僚として任用したりといった実質的優遇措置はなかった。また、彼らを「失土人」「遠人」と呼んで、異域の民とみなしていたことがわかる史料もあるし、大氏の子孫も高麗時代には文人より劣る武人・胥吏《しょり》としてしか記録に登場しない。さらに、朝鮮半島南部に移住させられた亡命渤海人もいたが、居住地は部曲や所であった。部曲や所は郡県に隷属して特定の役を課された行政区画のことで、その住民は身分的に一般良人より低かった。

その後、朝鮮王朝時代に入って大氏も両班《ヤンバン》となり、亡命渤海人が居住させられた部曲や所も郡県に昇格する。この状況下で、亡命渤海人の子孫たちは朝鮮民族のなかに吸収されていくのである。

以上、渤海の歴史について、政治史を中心に、遺民の動向も入れて概説した。史料が多い建国前から八世紀前半まではやや詳しすぎ、史料が極端に少なくなる九世紀後半以降は簡略にすぎたところがあるが、ある程度やむをえないものとしてご寛恕願いたい。次章からは、この概説を前提に、渤海の姿をさまざまな角度から照らし出していく。

ユーラシアのなかの渤海国

東アジア世界のなかの渤海国

東アジアとは

ここからは渤海が、それぞれの地域枠組みの歴史のなかでどのように位置づき、それらとどのような関係性を持っていたかを検討する。まず、渤海を描く際に最もポピュラーな地域枠組みである東アジア世界から始めたい。ここでいう東アジアとは、中国の中心部と東北部・朝鮮半島・日本列島およびインドシナ半島東海岸部を指すもので、東アジア文化圏と呼ばれる範囲である。東アジア文化圏とは、中国発祥の文化を共通の文化要素とする地域のことで、漢字文化圏とも呼び換えられる。

この文化圏の形成には、中国を中心とする国際的な政治システムが影響した。その国際的な政治システムを冊封《さくほう》体制という。この冊封体制という概念を提唱し、それに基づいて東アジア文化圏の形成過程や東アジア諸地域の国際関係の推移を明らかにしようとしたのが、西嶋定生《にしじまさだお》（一九一九～九八）の冊封体制論である。本節では、西嶋冊封体制論について簡単に説明したうえで、東アジア文化圏の諸要素が渤海においてどのように受容されて展開したかを見たあと、冊封体制などの中国側の国際システムから渤海を見るとどのように理解できるかを述べていきたい。

西嶋定生が冊封体制論を発表したのは、「六～八世紀の東アジア」（『岩波講座　日本歴史』二、一九六二）においてであった。いまは高校世界史の教科書などに当たり前に登場する東アジア文化圏の用語は、これ以降定着したものである。西嶋はその後もその考え方を精緻化し、部分的に修正していった。ここでは、西嶋の最終的な見解（「冊封体制と東アジア世界」『西嶋定生東アジア史論集』三、岩波書店、二〇〇二）を紹介する。

西嶋定生の冊封体制論

冊封とは、「冊書《さくしょ》（辞令書）を授けて封建する」という意味で、元来は周《しゅう》の天子が親戚・功臣に封土《ほうど》を賜与《しよ》し、その土地人民の支配を委任することである。冊封体制とは、元来は周代の封建制度と同じものであった。

中国を統一した秦《しん》は、封建制を廃止し、全国に官吏を派遣して直接支配をする郡県制《ぐんけんせい》を施行した。つづく漢《かん》は郡県制を継承するものの、一族・功臣に爵位を授けて国という封土を与える封建制を一部復活する。これが郡国制《ぐんこくせい》である。このとき、部分復活させた封建制を周辺地域にも適用し、中国皇帝が朝貢《ちょうこう》してきた周辺諸国の君長に王もしくは侯という爵位を授けて君臣関係を結び、国内の王国になぞらえる措置を取った。これによって中国王朝と周辺諸国との国際関係は制度的に表現できるようになる。西嶋はこれを、冊書による官爵授与を媒介に結ばれる体制ということで、冊封体制と名づけたのである。この場合の君臣関係は中国内部のそれとは区別され、国内のものを内臣、その国を内藩と呼ぶのに対し、周辺諸国の君長を外臣、その国を外藩といった。

冊封体制にはいくつかの特徴がある。まず、中国皇帝と周辺諸国の君長の間にだけ君臣関係が成立したとみなされることである。そのため、冊封は中国が周辺諸国を領有したことを意味せず、皇帝の支配権はその国の人民に直接は及ばない。つまり、冊封関係が成立しても君長の内部に対する支配権はそのまま残されるのである。ただ、君臣関係である以上、皇帝と君長の間に君臣儀礼という「礼」の貫徹が要求された。

この「礼」の貫徹とも関連して、君長には皇帝に対する義務が発生する。一つ目が朝貢で、これが君臣儀礼の核心でもある。理念的には毎年の朝貢（歳貢《さいこう》）が原則だが、遠方の場合は数年一貢のように軽減される。朝貢には必ず返礼の回賜《かいし》が与えられ、それは朝貢品以上の価値があったから、君長側にとっては得な義務であった。二つ目が助兵で、中国皇帝からの命があれば出兵して征討を援助しなければならなかったが、反対に自らが攻撃された場合、中国に救援を求められた。その意味で、この義務は相互安全保障的である。このほかに隣国の中国への遣使を妨害してはならないという決まりもあり、これらルールを「職約」といった。要するに、被冊封国は中国の外藩として中国王朝の防壁となるとともに、庇護《ひご》を受けるしくみであり、この両者が一体になって、中国を中心とした広域的秩序構造を形成していたわけである。

ただ、このような冊封体制が、現実の国際的な力関係の上に構築された「外被」だという点には注意しなければならない。つまり、東アジアでは力関係としての国際関係は原則として冊封関係という「外被」を着ることによって自己実現するのであり、冊封関係の論理自体が力関係を左右するわけではない。たとえば、周辺諸国に遠征する場合、真の理由がどうであれ、国内外にはその正当性を示すため、冊封体制のルールに反したことへの懲罰だと宣言しなければならなかったのである。

冊封体制論は発表当初、これとは反対に、冊封体制が一度構築されるとその論理によって自己運動を起こし、実際の力関係が無視されて国際関係が展開するという、自己運動の論理を前面に打ち出していた。これに影響された研究も少なくなかったが、一方で各方面から批判され、西嶋は熟考の結果、最終的にこれを撤回した。この点は西嶋冊封体制論を論じる際に、注意すべきことである。

冊封体制を支える政治思想と被冊封国の主体性

冊封体制の形成には前提条件がある。まず必要なのが、周辺に影響を及ぼすだけの中国王朝側の実力と権威。次に、システムを理論的に支える政治思想と、被冊封国側の主体性である。

冊封体制を支える政治思想が、中国特有の華夷《かい》思想と王化《おうか》思想である。自己を世界の中心（中華）とみなし周辺を文化の劣った存在（夷狄《いてき》）として蔑視するエスノセントリズム的な中華思想は世界各地に存在するが、中国のそれには他と違う特色がある。差別規準が「礼」の有無にある点である。「礼」とは、儒教によって設定された人間の行為全般を規律する規範形式で、「礼」は中華にのみ保有され、夷狄には存在しない。だから、夷狄は人間より禽獣《きんじゅう》に近い。ただし、これは絶対的なものではない。夷狄も「礼」を身につければ中華になれる。これは中国文明の伝播《でんぱ》を考える際、注意すべきことである。

これに対し王化思想は、差別したものを結合させる思想である。中国の天子による支配は、力による支配（覇道《はどう》）ではなく、徳によって人民を感化させる支配（王道）でなければならない。そのため、天子には徳が備わっている必要がある。しかし徳は目には見えない。それでも有徳者か否かを確認する方法はある。天子の徳は「礼」を知らぬ夷狄にも感得され、彼らはそれを慕って中国に朝貢する。これを慕化来朝《ぼからいちょう》という。したがって、夷狄の朝貢数が多いほど、そしてその夷狄が遠ければ遠いほど、天子の徳が高いことになり、それが天子の中国人民に対する権威の源泉になるのである。かくして華夷思想と王化思想は合体し、天子＝皇帝の人民支配の正統性が証明される。このような政治思想を背景に、冊封という政治行為が行われ、冊封は慕化来朝した夷狄に対する褒賞であり、王化が成功したことの自己確認なのである。

注目は、王化思想では、冊封と朝貢の関係が冊封体制の論理と逆になっていることである。冊封体制では朝貢は冊封によって発生する義務だが、王化思想では朝貢は皇帝の徳を慕った夷狄の自主的行為であり、その褒賞が冊封である。つまり、いったん冊封関係が結ばれると、その義務である朝貢が自主的な慕化来朝にすり替わり、皇帝支配の正統性を証明しつづけるのである。

ここまでで説明してきたことは、あくまで中国側の論理で、周辺諸国は関知しない。周辺側から冊封体制成立の条件を見ると、まず周辺側が国と呼ばれる、それなりに成長した政治的社会になっている必要がある。そして政治的社会における権威の確立とその政治的軋轢《あつれき》が、中国の権威に接近する動因になる。なぜなら、葛藤する政治集団同士は、相手より上位に立つために、より上位の権威である中国王朝の権威との結合を求めるからである。だから、自主的に慕化来朝したようにみえるのだが、実際はそこに冊封される側の論理に基づく主体性が存在する。

本節では、冊封体制から渤海をみるが、中国側の論理のなかで渤海がどう位置づいているかだけでなく、渤海側のそれへの主体的なかかわりについても触れたいと思う。冊封体制の紹介が少し長くなったが、なぜこうした政治体制が東アジア文化圏の形成に関係するかに話を戻す。

東アジア共通の文化要素

西嶋によれば、東アジア文化圏共通の文化現象は、漢字、儒教、漢訳仏教、律令《りつりょう》の四つで、いずれも漢字を媒介とする中国文化だという（「東アジア世界の形成と展開」『西嶋定生東アジア史論集』三）。漢字が伝播・定着したのは朝鮮・日本・ベトナムだが、これらはいずれも漢語とは異なる言語体系を持つから、漢字は自然には伝播・受容されない。にもかかわらず伝播・定着したのは、力による媒介があったからである。東アジア文化圏の四要素は、いずれも周辺諸国の国家権力と結合した権威主義の文化である。だから、中国との政治的関係、つまり冊封体制のなかで支配層に伝播し、次第にそれぞれの国の状況に応じて独自の形に変化しながら定着したというのである。

こうした西嶋の説明にはいささか不明瞭なところがある。特に冊封体制が伝播の契機になったことは説明できても、定着の要因としては説明できていない。李成市《リソンシ》はこの点を明らかにしたうえで、新羅を例に、その漢字受容が中国との政治的関係より高句麗とのそれであったことを指摘し、周辺民族への漢字文化の拡延と受容には周辺民族間の政治関係が軽視できないとした。また、中国文化の受容には、受容する側の主体的な契機があり、それによって伝播・定着したことも指摘する（『東アジア文化圏の形成』山川出版社、二〇〇〇年）。

渤海の支配地域には、すでに高句麗の時点でこの四要素が伝播していた。したがって、伝播の経緯を述べる必要はないので、本節前半では、東アジア共通文化要素に対する渤海の受容の質とそれに関する事情をみていく。

漢字と漢語

渤海が国家の意思を表現し、記録を遺すのに使用した文字は、漢字である。独自の文字の存在は確認できないし、同時期にユーラシアで使用されていたほかの文字（突厥《とっけつ》文字、ウイグル文字、ソグド文字など）が国内で使用された形跡もない。記録を残すのに漢字が使用されたことを証明するのが、墓誌である。

渤海の墓誌は、現在、四つ発見され、いずれも皇后・公主のもので、漢文で書かれている。墓誌は、墓の外に立てる墓碑と違い、墓のなかに納めてしまう。そのため、その文章を見るのは埋葬に立ち会う人々だけで、それが読者として想定されている。ということは、皇后・公主の埋葬に集まる支配層の人々が共通に読めるのが、漢字・漢文だったということである。文字文化という点でみれば、渤海が漢字文化圏に属すことは明白である。

それだけでなく、渤海の支配層は漢語で会話ができたとみられる。それを窺わせるのが、日本と渤海との外交交渉の共通言語が漢語だった点である。日本に渤海使が来ると、日本では渤海通事が指名され、通訳をした。この渤海通事の使用言語が漢語であり、渤海使はこれを再度の通訳を介することなくそのまま理解し会話した。

そもそも渤海を構成する高句麗人や靺鞨《まつかつ》諸族は、それぞれ独自の言語を有しており、渤海は多重言語世界だったとみられる。このような場合、優位性を持つ種族の言語を共通言語とする方法もあるが、外部の権威ある言語を相互の意思疎通のための共通言語にすることもある。渤海の場合、建国集団は、唐領域内に居た高句麗人・靺鞨人の混成集団であったから、その指導層は漢語が話せたはずで、これを異なる種族間の意思疎通に使っていたと思われる。そのあり方が、その後の多様な種族の吸収にあたって有効に機能し、そのまま継続したのであろう。

一方、渤海に独自言語が存在したことも、『日本紀略《にほんきりやく》』弘仁元年（八一〇）五月丙寅条に、越中国《えっちゅうのくに》の史生《ししょう》と習語生を渤海人高多仏《こうたぶつ》に師事させて「渤海語」を習得させたという記事があるから、間違いない。ちなみにこの高多仏は、渤海使の一員として来日したが、脱出して日本に残り、越中国に安置された者である。

ともかくも、渤海には、漢語と「渤海語」という二種の共通言語があったと想定され、なかでも漢語は支配層による公用語的位置にあったとみられる。漢語には当時、異なる言語を話す渤海領域内の人々を納得させるだけの権威があったのであろう。

儒教的素養

儒教的素養が支配層にとって内在的なものとなっていたことも、二人の公主の墓誌によって明白である。その文章には、儒教の経典が多数引用されており、意味を理解するには儒教の素養が必要だからである。そもそも二人の公主の貞《てい》恵《けい》・貞孝《ていこう》という名前自体が儒教道徳的であり、王の諡号《しごう》や官庁名などにも儒教的な文字・用語が使われている。

ただ、渤海が受容した儒教の質やレベルはわからない。渤海人が書いた儒教の書物は伝存しないし、そもそもそういう書物があったという記録はなく、儒者として名を成した人物も伝わらない。渤海の支配層が儒教的素養を身につけた場所として、中国の国子監《こくしかん》（貴族・官僚の子弟のための最高学府）にあたる胄子監《ちゅうしかん》が考えられるが、そこでの教育の質は不明で、学校として機能したかどうかもわからない。

それでも九世紀後半の渤海では、儒教的素養が一部の専門的知識人だけの独占物ではなく、官僚層一般にはある程度のレベルで内在化されていたとみられる。そう考える理由の一つは、唐末、渤海の留学生で科挙《かきょ》の賓貢科《ひんこう》（外国人を対象とする試験）に及第する者が一〇名ほど確認でき、なかには烏炤度《うしょうど》のように自身が宰相となり、その子も及第した者もいる点である。科挙では必ず経書の知識が問われたので、彼らには唐の官僚層と同レベルの儒教的素養があったとみられるが、唐末の混乱のなか、留学後にそれを養うのはむずかしかったと考えられる。とすれば、留学前に一定のレベルに達していたはずで、そういう人物を継続的に送りだせるようなバックボーンが存在したと考えられるのである。

また、儒教的素養は漢詩文の基礎となり、すぐれた漢詩文を書くにはそれへの高い素養が必要である。九世紀後半の渤海使は、そうした人物を必ず伴っているが、それは随員ではなく、大使・副使という渤海の官僚層である。このことも先の想定の理由である。

日本の『江談抄《ごうだんしょう》』や『古今著聞集《ここんちょもんじゅう》』には、次のような大江朝綱《おおえのあさつな》と渤海使の有名な逸話が載っている。

「前途　程遠し、思いを雁山《がんざん》之夕べの雲に馳《は》す。後会　期遥かなり、纓《えい》を鴻臚《こうろ》之暁の涙に霑《うるお》す」と、後江相公《のちのこうしょうこう》(大江朝綱)が書いたのを見て、渤海の人はその秀逸さに感涙した。その人はその後、日本の人に会った際、「後江相公は三公(大臣のこと)の位にまで登られたか」と問うた。日本の人が「いいえ」と答えたところ、渤海の人は「日本国は賢才を用いる国ではないのですね」といって、侮辱した。

この逸話に出てくる大江朝綱の句は、九〇八年の渤海使に対する「夏の夜　鴻臚館に於いて北客に餞《はなむけ》する」(『本朝文粋《ほんちょうもんずい》』巻九)の一節で、渤海の人とは、この時の大使裴璆《はいきゅう》である。彼は九一九年にも渤海大使として再来日したから、この逸話はそのときのものである。ここには自国を「賢才を用いる国」と自負する渤海人の姿が見えるが、その背景に、宰相烏炤度を筆頭に儒教的素養を身につけた官僚が多数存在する渤海官界の姿を想定することができるであろう。

仏教の隆盛

渤海における仏教の姿は、儒教とは異なり、多くの文献史料に登場し、遺跡・遺物も少なくない。たとえば、上京竜泉府《じょうきょうりゅうせんふ》の遺跡内には、渤海寺院跡に創建された興隆寺という寺があり、その境内には、今も高さ六《メートル》の巨大な渤海時代の石灯籠が立っている（図7）。その写真は多くの出版物に渤海遺物の代表格として載せられており、期せずして渤海における仏教の盛行を象徴している。

渤海の支配層が仏教を信仰していたことは、渤海の都城遺跡とその周辺で四〇以上の寺院跡が確認されていることから推定できる。この推定を裏づける文献史料としては、七一三年一二月、渤海の王子が唐に来朝し、仏寺に入って礼拝する許可を請うたという記事（『冊府元亀《さつぷげんき》』巻九七一）や、来日した渤海使が仏を礼拝する姿に感激した日本の領客使《りょうかくし》（接待役）が詠んだ漢詩（『経国集《けいこくしゅう》』巻一〇）などがある。こうした支配層の崇拝を起点に、渤海では仏教が隆盛したとみられる。

また、渤海はしばしば日本の朝廷とその在唐留学僧との連絡役をしている。前章の渤海

図7　興隆寺の石灯籠（赤羽目匡由撮影）

沿革記事で触れた在唐留学僧永忠《えいちゅう》らの書状も、七九五年の渤海使がもたらした。これを受け取った朝廷は、使者の帰国に際し、永忠らへの書状と砂金三〇〇両を託して転送を依頼した。また、『入唐《にっとう》求法《ぐほう》巡礼《じゅんれい》行記《こうき》』所載の「日本国内供奉《ぐぶ》大徳霊仙《りょうせん》和尚を哭《こく》するの詩并《なら》びに序」によれば、八二五年、在唐渤海僧の貞素《ていそ》は、日本の嵯峨《さが》天皇が日本僧霊仙に送った書状と賜金を、長安《ちょうあん》で渤海の遣唐使節から受け取って、五台山《ごだいさん》の霊仙に届けた。霊仙は、仏舎利《ぶっしゃり》一万粒《りゅう》と新訳経典二部・制誥《せいこう》（辞令書）五通を日本に届けるよう貞素に依頼し、引き受けた貞素は渤海に帰国し、同年の渤海使に随って来日して朝廷に渡した。すると今度は朝廷から霊仙への賜金一〇〇両を依頼され、渤海経由で再度五台山へ向かったが、到着したときには霊仙は毒殺されていた、という。

この話に出てくる貞素の唐―渤海―日本を往復する姿は何ともダイナミックだが、当時の僧侶の行動としてけっして珍しくはない。当時の東アジアには広範な仏教界のネットワークが存在し、それを基盤に僧侶たちは国家の枠を超えて活動をしていた。また、この時期の東アジアの漢訳仏教は、個人の解脱《げだつ》をめざして民衆に布教を行うよりも、国家による統制と庇護の下で国家安寧の獲得を目的とする、いわゆる国家仏教の側面が強かった。渤海支配層の仏教信仰も、個人の信仰というよりはこうした側面で捉えるべきである。だから、僧侶たちの活動は国家によって保護され、時に政治活動や外交活動を担うこともあったのである。渤海が日本の朝廷と在唐留学僧との連絡役を果たしたのも、こうした文脈のなかで理解すべきである。

図８　二仏並坐像（東京大学大学院人文社会系研究科・文学部考古学研究室所蔵，『文学部考古学研究室蒐集品　考古図編』第12輯，東京大学，1952年より）

ここまで渤海における仏教の隆盛を東アジア的共通性だけで述べてきたが、儒教と違って、仏教ではもう少し具体的なことがわかる。その一つが出土した仏像にみられる地域性である。上京竜泉府一帯では観音・阿弥陀などの塑像《そぞう》仏像（土を原料に乾燥や焼成で作る仏像）が、東京竜原府の一帯では土や石の二仏並坐像《にぶつびょうざぞう》（一つの台座に釈迦と多宝仏が並んで座る仏像）が多く出土する。二仏並坐像は『法華経』見宝塔品《けんほうとうほん》の話を表現したもので、北魏《ほくぎ》・高句麗《こうくり》で作られ、東京《とうけい》一帯出土のそれは高句麗様式を継承する。一方、上京一帯の塑像仏像には高句麗の影響はあまりみられず、唐末五代《ごだい》や新羅《しんら》下代の様式に近い。この差異は、東京一帯が旧高句麗領だったのに対し、上京一帯がそうでなかったことに由来する。また、そうした状況を根拠に、東京では法華信仰が、上京では観音信仰が盛んだったと推定されている（東北亜歴史財団編『渤海の歴史と文化』明石書店、二〇〇九）。

律令と中央官制

渤海は通常、律令国家とされるが、律令の存在を明示する史料はない。にもかかわらず、律令が受容されていたと考えられるのは、『新唐書』渤海伝に唐から「古今の制度を習識し」「中国の制度を憲象（手本にすること）」したとして、唐の律令制に類似した官制・兵制が記されているからである。

整備された制度が何の法的根拠もなく作られるはずはなく、それが唐に由来するという推定も妥当である。ただ、それで想定できるのは、行政法たる令の存在であって、刑法たる律ではない。この点は留意すべきだが、律の存在が証明できないから、渤海に律令という共通文化要素は当てはまらないとはいえない。むしろ西嶋がいう東アジアの共通文化要素としての律令とは、律令それ自体というより、唐代に一つの完成の域をみる、律令的法体系に基づく中国的な法制度、と理解すべきである。以下では、その理解のもとに渤海の制度と唐の制度との関係をみていく。

まず、中央官制だが、『新唐書《しんとうじょ》』渤海伝には、官庁名・所属官職・官員数についての簡単な記載があり、その一部には比定される唐の官庁・官職も記されている。そのため、そこに記された三省・六部《りくぶ》・一台・七寺・一院・一監・一局という渤海の中央官制は、唐令に記された三省（六省）・六部・九寺・一台・五監の体制を模したものと理解され、唐の官制と比較して理解されてきた。そこで、通説的理解に従って渤海の中央官制を唐のそれと対比させた図9を作成した。

図9に少し説明を加えると、『新唐書』渤海伝官制記事の原史料は『渤海国記《ぼっかいこくき》』なので、その官庁名・官職名は八三〇年代前半のもの、唐の官庁名・官職名は『大唐六典《だいとうりくてん》』に従ったので、七三〇年代のものである。渤海の官庁は『新唐書』渤海伝の記載順に従い、それと対比される唐の官庁を右に配したので、唐の官庁順は『大唐六典』の記載順ではない。このように対比してみると、渤海官制が唐の官制を模倣したことがよくわかると同時に、その違いも明確になる。

図9　渤海官制と唐代官制の対比図

渤海の中央官制

官庁	官職
宣詔省	左相—左平章事—侍中—左常侍—諫議
中台省	右相—右平章事—内史—詔誥舎人
政堂省	大内相—左・右司政—左・右允

	(六部)		支司	
左六司	忠部	卿	爵部	郎中—員外
左六司	仁部	卿	倉部	郎中—員外
左六司	義部	卿	膳部	郎中—員外
右六司	智部	卿	戎部	郎中—員外
右六司	礼部	卿	計部	郎中—員外
右六司	信部	卿	水部	郎中—員外

官庁	官職
中正台	大中正—少正
殿中寺	大令—少令
宗属寺	大令—少令
文籍院	大監—少監
太常寺	卿
司賓寺	卿
大農寺	卿
司蔵寺	令—丞
司膳寺	令—丞
胄子監	監長
巷伯局	常侍

三省一台の長・次官の序列は，大内相—左・右相—左・右平章事—左右司政—大中正。

唐の中央官制

官庁	官職
門下省	侍中—門下侍郎—給事中—左補闕・左拾遺
中書省	中書令—中書侍郎—中書舎人—右補闕・右拾遺
尚書省	尚書令—左・右僕射—左右丞

	六部		二十四司	
左司	吏部	尚書—侍郎	四司	郎中—員外郎
左司	戸部	尚書—侍郎	四司	郎中—員外郎
左司	礼部	尚書—侍郎	四司	郎中—員外郎
右司	兵部	尚書—侍郎	四司	郎中—員外郎
右司	刑部	尚書—侍郎	四司	郎中—員外郎
右司	工部	尚書—侍郎	四司	郎中—員外郎

官庁	官職
御史台	御史大夫—御史中丞
殿中省	監—少監
宗正寺	卿—少卿
秘書省	監—少監
太常寺	卿—少卿
鴻臚寺	卿—少卿
司農寺	卿—少卿
太府寺	卿—少卿
光禄寺	卿—少卿
国子監	祭酒—司業
内侍省	内侍

衛尉寺・大理寺・太僕寺・少府監・将作監・軍器監・都水監：唐の中央官庁のうち，対比すべき渤海の官庁がないもの

九寺の序列は，太常・光禄・衛尉・宗正・太僕・大理・鴻臚・司農・太府。

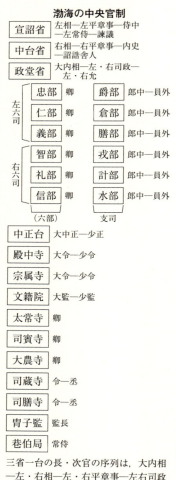

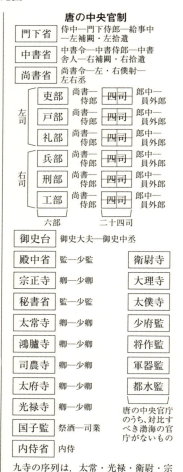

まず、注目すべきは官庁名である。渤海の官庁名の多くは唐と異なるが、大半は職掌が推測できる。そのなかで六部だけが儒教理念的で、名前に職掌が反映されていない。ただ、概説で触れたように、これは八四〇年までに『周礼《しゅらい》』に基づく天地春夏秋冬の部名に改称された。もともと唐の六部は『周礼』の天地春夏秋冬六官《りくかん》の反映で、この改称で渤海六部も名称から職掌を推測できるようになったが、それは同時に、渤海が唐の官制について、背後にある理念を含めて理解していたことを意味する。

次に注目すべきは、七寺以下の官制が唐と大きく異なる点である。『周礼』に由来する行政官庁の六部に対し、九寺以下の行政官庁は秦漢以来の系譜を引き、その職掌にはオーバーラップする部分があった。たとえば、司法・裁判をつかさどる大理《だいり》寺は刑部《けいぶ》と、土木工事をつかさどる将作監《しょうさくかん》は工部《こうぶ》と、その職掌が重なった。唐は文書行政と実務に分けて担当させることで両立させたが、理念性や歴史性を考慮しなければ、統合可能であった。渤海が省いた三寺四監はそのような部分であり、渤海は唐の官制を単純に導入したのではなく、実質性・効率性を念頭にカスタマイズしていたのである。

また、七寺一院は長官名で三つに分類でき、それはそのまま序列となっている。唐では礼制をつかさどる太常《たいじょう》寺だけ長官が正三品で突出しており、ここに礼制を重視する唐の姿が反映されているが、渤海では、王の生活を管掌する殿中寺、王族関係の実務を扱う宗属寺、書籍・文書の管理を行う文籍院が最上位に来る。これは、王族が他の支配層に比して特別な位置にあったことや、漢籍に代表される中国文明の粋を中央で管理することが国家の権威や実務上で重要だったことの反映である。ここにも実情に合わせたカスタマイズが見て取れる。

さらに注意すべきは、トップの三省一台の長官・次官が明確に序列化されている点である。監察機関のはずの中正台の長官までが序列化されているのは、それが中国のような自立した監察機関ではなかったことを意味しよう。とすれば、この序列はおそらく宰相・准宰相の序列で、それらが渤海の政策決定を担う会議の中核メンバーだったと推測される。

官制ではこのほか、『新唐書』渤海伝に、品階の制度とそれに伴う服飾の制度の存在が確認でき、渤海使の帯官からは、文散官《ぶんさんかん》・武散官や爵位の制度の存在が確認できる。いずれも唐制を模したものである。

総じていえるのは、渤海は唐の律令官制を、理念を含めて理解したうえで、国情に合うようにカスタマイズして導入したということである。ただし、同時期の日本や新羅の官制に比べると、遥かに唐制に近い。

兵制と禁軍

兵制は、『新唐書』渤海伝に、左右の孟賁《もうほん》・熊衛《ゆうえい》・羆衛《ひえい》と南北の左右衛の合計十衛があったと記されている。これは唐の左右十六衛の模倣である。

唐の十六衛のうち十二衛は府兵制《ふへいせい》を前提にし、兵士は都周辺を中心に置かれた折衝府《せっしょうふ》から供給された。そのため、渤海にも府兵制が布かれていたという説があり、七二八年来日の渤海使のなかに「果毅都尉《かきとい》」という折衝府の官職を持つ人物がいたことが証拠とされている（朱国忱・魏国忠『渤海史』東方書店、一九九六）。

しかし、ここから府兵制の存在を想定するのは疑問である。府兵制は均田制《きんでんせい》を基盤とするが、渤海に均田制が導入された痕跡はない。また、折衝府の官職名だけでは制度的実態の証拠にならない。まして七二八年はまだ建国初期の制度整備期である。さらに、唐は外国の使節団に果毅都尉などの折衝府の官職をしきりに授けており、唐から授与された可能性も否定できない。現時点では、府兵制が布かれていた証拠はなく、十衛がどのようなしくみに支えられていたかは不明である。

また、渤海には十衛以外の軍事制度が存在した。冊封使だった宦官《かんがん》の王宗禹《おうそうう》は、八三二年一二月に帰国した際、渤海に左右神策軍と左右三軍があることを報告している。これは『新唐書』渤海伝の記述と同時期で、十衛と左右神策軍・左右三軍が同時に存在したことになるが、これは唐の禁軍と同じ構造である。つまり、唐には南衙《なんが》禁軍と北衙禁軍があり、南衙には律令官制に記された正規軍ともいうべき十六衛、北衙には唐初より皇帝の親衛軍として宮城北辺を警備した左右羽林軍、その後追加された左右の竜武軍・神武軍、それに対吐蕃《とばん》軍団から禁軍に昇格した左右神策軍があった。なかでも神策軍は最大兵力一五万以上で、王朝の主力軍として他の北衙禁軍と区別された。この十六衛と左右神策軍・左右三軍からなる唐の禁軍の姿が、衛が六つ少ない形で、渤海で再現されていたのである。

禁軍以外にも「軍」があった。一九六〇年の上京竜泉府発掘の際、「天門軍之印」という官印が皇城の西南角で発見されている。また、滅亡時には道という地方区画があり、節《せつ》度使《どし》が置かれていた。これらも唐後半期の兵制の模倣だが、神策軍や三軍と同様、『新唐書』渤海伝に記載がなく、すべて唐では令外《りようげ》の制度だった点が注意される。

このように見てくると、渤海の兵制は、律令《りつりよう》的兵制と令外の兵制が併存した唐後半期の模倣である。渤海の成立は唐誕生の約九〇年後で、制度整備期も玄宗《げんそう》以降の律令制の変質から崩壊、そして宋への変革期にあたる。したがって、同じ律令国家でも、渤海と日本・新羅ではモデルとなった唐の体制が異なっており、渤海が導入したのは、八世紀唐王朝の律令体制とそれを補完する令外システムの両方と考えるべきである。ただし、それは制度の「外被」であって、実態は別途考えねばならない。

上京竜泉府の宮城と長安城の大明宮

西嶋が挙げた東アジア共通の四文化要素が、渤海でどのように受容されたかをみてきたが、これらはすべて支配層側の文化で、権威を支えるものとして受容されたといえる。これと同様な受容のされ方

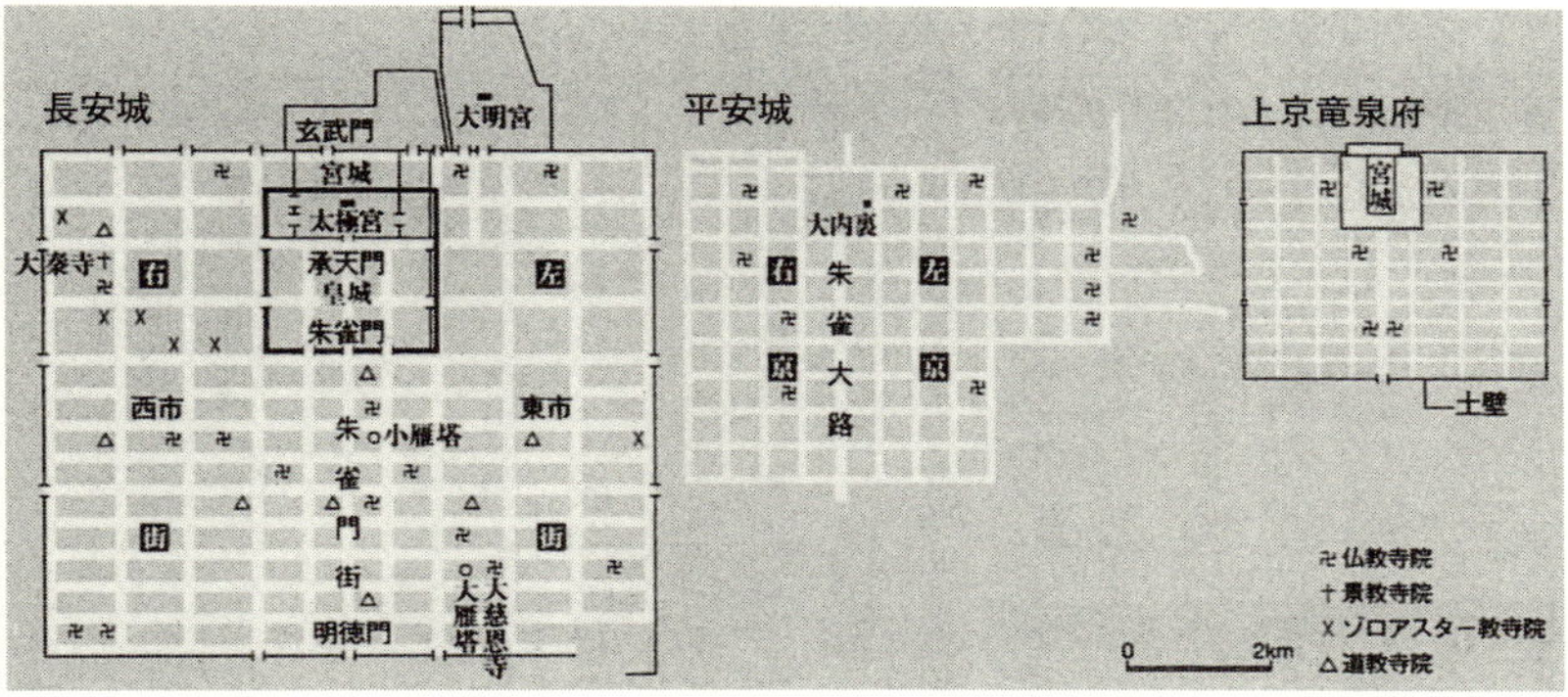

図10　高校世界史教科書にみえる長安・平城京・上京竜泉府の比較図（『詳説世界史』山川出版社，2012年検定済より）

をした東アジア的文化要素に、もう一つ都城プランがある。

　高校世界史の教科書の多くには、隋唐《ずいとう》長安城・平城京・上京竜泉府の三都城が並んで描かれ、都市内部を碁盤の目のように区切る条坊制《じょうぼうせい》や宮城・皇城（官庁街）の北部中央配置といった長安の都市プランが日本・渤海に影響したという説明が付されている（図10）。ここに新羅の首都・慶《キョン》州《ジュ》はないが、それは慶州には条坊制以外の類似点がないからである。この違いは、慶州が古くからの新羅の都だったのに対し、長安・平城京・上京の三つが事前に作られたプランのもとに造営された計画都市だったことに由来する。西嶋は都城プランを東アジアの共通文化要素としないが、それにきわめて近い存在とみてよい。

　上京竜泉府の都城プランの東アジア的共通性に

ついては既に多くの研究があり、少し触れるだけでも膨大になる。そこでここでは、都城プラン全体の問題ではなく、今まで詳論されてこなかった宮城南門に焦点を絞ってみたい。

宮城南門は、戦前の調査報告書『東京城』では、第一宮殿と呼ばれていた。なぜなら、東西四二メートル、南北二七メートル、高さ五・二メートルの台基の上に大きな宮殿に比すべき建物が立っていたことを示す礎石が存在する一方、本来台基の下にあるべき中央の門道が見つからなかったからである。戦後の調査で、門道が台基の両脇にあり、その上に門楼があったことがわかって宮城南門とされたが、これは、門道があるべき中央に宮殿があり、代わりに両側に門道が開かれる、殿門複合型構造と呼ばれるものである。

内田《うちだ》昌功《まさのり》によれば、殿門複合型構造の構造物は、上京宮城南門以前に二つ存在した。一つ目が北周《ほくしゅう》長安宮の路門（正門）であり、二つ目が唐《とう》の大明宮《だいめいきゅう》の含元殿《がんげんでん》である。内田はこの系譜関係も明らかにしているが、重要なのはこれらがともに元会《げんかい》儀礼（年頭に君主が臣下や外国使節から受ける正月拝賀の儀式）の場として造られたということで、前には広場があり、元会の際は中央官僚、地方の使節団、そして外国使節がそこに居並んだのである（「北周長安宮の路門と唐大明宮含元殿」『歴史』一一五、二〇一〇）。

上京宮城南門前にも広場があり、その空間構造は大明宮含元殿と類似している。そして渤海が唐に使節を派遣して元会に参列するようになるのは、八世紀初の玄宗初年からで、その時期から唐は元会の場を太極宮《たいきょくきゅう》から大明宮に移し、滅亡まで続いた。渤海の使節が経験した唐の元会の場は大明宮含元殿であり、上京造営の際に渤海が元会の場の見本にできたのは大明宮しかなかったのである。

以上より、上京宮城南門は、唐大明宮含元殿をモデルに造られたため殿門複合型構造となり、渤海の元会は宮城南門とその前の広場で行われたと推定される。また、唐の使者による渤海王冊封の儀の場所もここと思われる。なぜなら、皇帝の使者が脇門から宮城内部に入ることはありえず、その前でしか儀式は行えなかったと思われるからである。

渤海宮城と長安大明宮の関係は、今まであまり議論されてこなかった気がする。また、兵制でも触れたが、渤海があったのは唐中後半期の唐宋変革期である。渤海における唐の影響を論ずる諸研究は唐前半期に注目する傾向が強いように思うが、これからの研究は、八世紀以降の唐のあり方や唐宋変革との関係にもっと注目すべきである。

渤海郡王という爵号

冊封体制などの中国側の国際システムから渤海をみるとどのように理解できるかに話を移す。これを渤海の冊封号から考えてみたい。大祚栄《だいそえい》の最初の官爵が左驍衛《さぎょうえい》員外大将軍・忽汗州《こつかんしゅう》都督《ととく》・渤海郡王なので、まずは爵号の渤海郡王から見ていく。

金子修一《かねこしゅういち》によれば、唐が異民族の首長に与える爵位である王・国王号には、おおよそ四つの類型があり、王（国名＋王）、国王（国名・地名＋国王）、徳化《とくか》王（中国の徳化に浴したことを示す形容句＋王・国王）、郡王（地名＋郡王）の順に序列化される。このうちの本国名＋王・国王の場合を本国王といい、王の場合はおおむね「蕃域《ばんいき》」に区分される近隣の国、国王の場合はおおむね「絶域《ぜついき》」に区分される遠方の国に与えられた。また、本国王は外臣の諸族に用いられるのに対し、郡王は内属して唐の領域に編入された諸族に用いられ、徳化王はその両方に用いられるが、王一代で継承されることはなく、特にその種族もしくは王を称揚する場合に用いられたという（『隋唐の国際秩序と東アジア』名著刊行会、二〇〇一）。

この整理に基づけば、大祚栄に最初に与えられた渤海郡王は、唐に内属した種族に与えられた爵位であり、彼は内臣とみなされていたことになる。事実、地名部分の「渤海」の由来は渤海郡（河北省滄州《かほくしょうそうしゅう》市）で、唐本土の地名であり、「振」も「靺鞨」も使われなかった。また渤海郡王は、大祚栄以前には唐高祖《こうそ》の甥の李奉慈《りほうじ》に、大嵩璘《だいすうりん》が国王になる七九八年以後には憲宗《けんそう》朝の武人高崇文《こうすうぶん》に与えられていて、明らかに内臣の爵位だった。爵号でみる限り、大祚栄は内臣、渤海は内属国扱いだったのである。

この理由は、唐が旧高句麗領を依然領域と認識していたからと考えられる。平壌《ピョンヤン》以南の旧高句麗領・旧百済《ひゃくさい》領の新羅への正式割譲が、それらの実質支配が不可能になって六〇年も経った七三五年なのがその証拠である。と同時に、それ以外の旧高句麗領は、七三五年以降も依然として唐から領域内とみられていたはずである。渤海はそこに誕生したため、内属国扱いだったのである。

忽汗州都督

次に忽汗州都督を検討しよう。忽汗州は正式には忽汗州都督府で、大祚栄冊封の際にその領域に与えられた州名である。州名の由来は、渤海建国の地・敦化《とんか》を流れる忽汗河（牡丹江《ぼたんこう》）である。ここの長官である都督（正式官名は「（使持節）都督忽汗州諸軍事・忽汗州刺史《しし》」）に王である大祚栄を任命して世襲させるのだから、これは羈縻《きび》州である。

ただし、前章でみた突厥《とっけつ》などの羈縻州は、唐に内属しその領域内で間接統治を受ける種族の部落に与えられるもので、一種族でも部落ごとに州名・県名を与え、分割統御しようとした。それに対し、この場合は冊封された国自体が一つの大きな羈縻州になる。これを栗原益男《くりはらますお》（一九一八〜二〇〇〇）は一国一羈縻州方式と名づけた（「七、八世紀の東アジア世界」、唐代史研究会編『隋唐帝国と東アジア』汲古書院、一九七九）。栗原はその始まりを、六六三年に唐が新羅王に雞林《けいりん》州都督を与えたこととしており、渤海の場合もこの先例にならったとする。栗原はこれを以て唐が新羅や渤海を独立国と認めたとするが、新羅への州名付与は、唐が新羅への支配を強化し領域下に組み込もうとしたものと解するのが一般であ

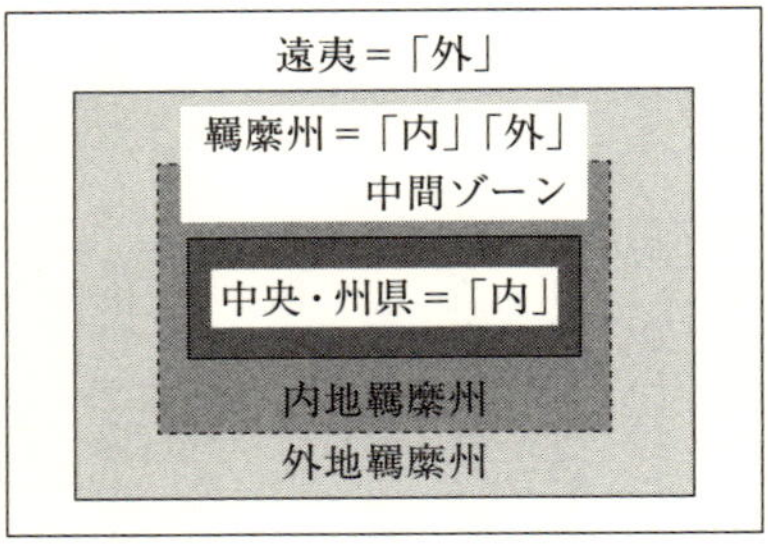

図11　唐王朝における内外区分の概念図

り、それが妥当であろう。渤海についても同じである。また、渤海と新羅はともに、鷹や鷂《はいたか》を唐に献上している。唐の長安では鷹狩が流行し、朝廷はそのための鷹類を国内の諸州とともに渤海・新羅に献上させていた。これも、渤海・新羅が内属国扱いされていた証拠である。この事実を指摘した金子修一は、ここまで述べてきたようなことを総合して、唐は一貫して渤海を内属国として扱ってきたと述べる（「唐朝より見た渤海の名分的位置」『隋唐の国際秩序と東アジア』）。確かに一見するとそのように見えるが、ここまで言い切るのは疑問である。

　羈縻州はその所管官庁や負担の違いで、「内地羈縻州」と「外地羈縻州」に分けられる。「内地羈縻州」は戸部《こぶ》が管轄し、版籍（版図と戸籍）を報告し、不定期ながら租税や貢献物も唐に納めた。また、内地化が進行すると正州（唐国内の通常の州）に昇格する場合もあり、正州との可変性があった。これに対し「外地羈縻州」は、貢献物のみを納める遠夷《えんい》として扱われ、その名数は鴻臚《こうろ》寺典客署が所管した。渤海の州名である忽汗州都督府は、玄宗代の「内地羈縻州」を列挙する『旧唐書《くとうじょ》』地理志には登場しない。一方、同じく玄宗期に作られた『大唐六典《だいとうりくてん》』の戸部郎中員外郎条には、河南道管轄の遠夷のなかに靺鞨が登場する。当時の唐ではまだ渤海ではなく靺鞨と呼んでいるから、これに渤海が含まれると考えてよい。つまり、玄宗期、渤海は「外地羈縻州」に位置づけられていたのであり、唐は渤海を一貫して内属国と見ていたとはいえないのである。

かつて私は、唐が王朝の領域内と領域外をどのように理解していたかを検討し、中央―地方州県―羈縻州―遠夷という帝国秩序において、地方州県までが内、遠夷が外、羈縻州が指標によって内外の位置づけが変化する中間ゾーンという理解を示したことがある（図11）。この中間ゾーンである羈縻州にも、内地羈縻州と外地羈縻州で相違があり、前者は指標によって内に含まれることが多く、後者は外に含まれることが多い。唐は渤海をそのような中間ゾーンに位置づけていたのである（「唐王朝は渤海をどのように位置づけていたか」『唐代史研究』一六、二〇一三）。

将軍号の問題

大祚栄に与えられた官爵は、その後の政治情勢のなかで変化する。最初の変化は将軍号で、次の武芸《ぶげい》代に左驍衛大将軍から左金吾《さきんご》衛大将軍に変化した。これらは同じ正三品だが、十六衛には格づけがあり、左右衛、左右驍衛、左右武衛《ぶえい》、左右威衛《いえい》、左右領軍衛、左右金吾衛の順である。つまり、この将軍号の変化は降格なのである。七二七年に日本に送られた第一回渤海使の時点で、大武芸は左金吾衛大将軍を称しているから、この降格はそれ以前になる。しかし、武芸即位からこの時点までで官職の格下げにつながる具体的な事件は確認できない。

実は、大祚栄の左驍衛大将軍は渤海の格としては高すぎる。隣接する新羅王の当時の将軍号は左威衛大将軍で、大祚栄より低い。金子修一によれば、唐は新羅を尊重し、渤海をそれより一段下に置くよう配慮していたという（「唐朝より見た渤海の名分的位置」『隋唐の国際秩序と東アジア』）。そのとおりとすれば、左驍衛大将軍の授与は異例であり、おそらく祚栄が突厥側から唐へ帰属替えしたことへの特別な褒賞とみられる。そのため武芸への継襲の際、本来あるべき地位に戻すべく左金吾衛大将軍に格下げされたのであろう。

次の欽茂《きんも》は武芸の官爵を継襲するが、将軍号は左驍衛大将軍とする史料と左金吾衛大将軍とする史料の二つがあり、どちらとも判断しかねる。ただ、欽茂のあとの嵩璘が継襲した将軍号が、『唐会要《とうかいよう》』渤海によって「驍衛大将軍」であったことが確認できるので、欽茂代のうちに左驍衛大将軍に戻ったことは間違いない。その頃の新羅には唐からの将軍号の授与がなくなっており、軍事権を示す官職は寧海軍使だった。そのため、新羅を気にせずに、唐は渤海の将軍号を上昇させられたのであろう。

郡王から国王へ

官爵の変化で最も大きな意味を持つのが、郡王から国王への爵位の上昇である。経緯は前章で述べたが、簡単に繰り返すと、七六二年、代宗は即位に合わせて渤海郡王大欽茂の爵位を国王に昇格させた。これは安史《あんし》の乱に対する渤海の姿勢への褒賞で、渤海を味方に付けようとしたものであった。この渤海国王は、欽茂を継いだ大嵩璘には継承されず、郡王に戻された。嵩璘は抗議し、唐は七九八年にあらためて彼を渤海国王に冊封し、以後、定着する。問題なのは、なぜ一度与えられた国王の爵位が、いったん郡王に戻り、そして再度国王となったか、である。

そもそも渤海国王という爵号は、先掲の王号序列のなかで非常に微妙な位置にある。まず、国王号というのは「絶域」に区分される遠方の国に与えられるのが通常だが、渤海がある高麗・靺鞨の地域は「蕃域」に区分されている。また、渤海はこの頃には国名のように扱われているので、渤海国王は本国王のようにも見える。しかし、唐王朝が編纂した『会要《かいよう》』（八〇三）や『続会要』（八五二）には、渤海という独立項目はなく、靺鞨の項目内で記されていたことが明らかになっている。つまり、少なくとも九世紀半ばまで唐は公式には渤海を靺鞨の一種とみなしていたのである。とすると、渤海国王は本国王ではない。

こう考えてくると、大欽茂に与えられた渤海国王は、代宗即位にともなう褒賞として渤海郡王から単純に進爵したものと理解するしかなく、唐国内における封爵制と同じ原理で行われ、通常の周辺国への国王号授与とは別だったのである。国内の封爵制では、王の場合、子孫は父祖の爵をそのまま継ぐことはなく、国公または郡公になるまで降格される。

これが大嵩璘の継襲では適用されたのである。

しかし、渤海が唐と同じつもりで国王号授与を理解していたとは限らない。なぜなら、唐から与えられる官爵には、周辺諸国間の上下関係を明らかにする機能があるからである。大武芸が日本に初めて使者を送った際、わざわざ自らを「渤海郡王」と名乗ったが、これは唐から冊封された爵号が日本との関係構築で意味を持つと判断したからにほかならない。また、渤海は滅亡まで隣国の新羅に対抗意識を持っていたとみられるが、新羅の爵号は新羅王である。せっかく国王に冊封されてこれに近づいたのに、再び郡王では渤海が納得いかないのは当然である。そのため大嵩璘は抗議をし、唐側は認めたのである。これにより、渤海に与えられるべき爵号は渤海国王に確定し、より外臣の位置に近づいたのである。

羈縻州から外臣へ

それでも、九世紀前半まで唐による内臣扱いは継続した。唐は代宗以降、徳宗《とくそう》以外の順宗・憲宗・穆宗《ぼくそう》の即位のたびに、一般の群臣同様に渤海の王に官職加授を行ったが、このような事例は他の周辺諸国にはみられない。年次がはっきりしないので断定しかねるが、徳宗即位時にも大欽茂に司空もしくは大尉が加授された可能性がある。もしそうならば、代宗以後、皇帝即位時の官爵加授での渤海の内臣扱いが慣例化していたことになる。

これが九世紀末から一〇世紀になると、外臣扱いにシフトする。それを示すのが、楊鉅《ようきょ》

『翰林学士院旧規』（九〇四年頃）所載の「答蕃書幷使紙及宝函等事例」で、これには「答蕃書」の用紙・書頭・末尾・宝函の格式が詳細に書かれており、この時期の唐の主観的な国際秩序がわかる。それによれば、ウイグルと南詔《なんしょう》（雲南省方面にあったチベット・ビルマ系種族の王国）が筆頭、その次に渤海・新羅・キルギスが来るが、それより重要なことは、唐が渤海を「蕃」、つまり遠夷《えんい》と認識し、羈縻州とはみていないことである。新羅・渤海宛の答書の例では、「新羅・渤海の書頭は、某国に勅すと云い、王と云い、姓名を著す」とあり、ここには羈縻州は登場しない。

残されている唐から渤海への勅書をみても、この変化が確認できる。玄宗期の渤海への勅書には「渤海郡王」の前後に「忽汗州都督」もしくは「忽汗州刺史」という羈縻州長官の肩書が必ず付いていた。これは、新羅に対しても同じで、「新羅王」の前後に「雞林州大都督」などの羈縻州長官の肩書があった。これが九世紀以降の勅書になると、渤海・新羅のいずれにおいても羈縻州長官の肩書が落ちている。このことは、渤海・新羅が羈縻州であることが、九世紀に入り、唐にとってあまり意味を持たなくなっていたということである。いいかえると、渤海や新羅は依然として羈縻州名があるという点で、内臣・外臣の中間ゾーンに位置するものの、実質は外臣だったのである。この背後に、唐の対外的な影響力の低下があることはいうまでもない。

本節では、唐を中心とした東アジア世界のなかに渤海を置いたとき、どのように見えるかを追ってきた。それをまとめると、渤海は、当時東アジアに共通した中国文化を受容した東アジア文化圏の一員といえ、日本・新羅とともに唐をモデルとする律令国家群を形成していた。また、渤海は唐から冊封されるだけでなく、唐が新たに作り出した羈縻州による国際体制にも組み込まれ、唐からは内臣に近いながらも遠夷としての要素も持つ外地羈縻州という位置づけを受けていた、となろう。

「小中華帝国」としての渤海

このように渤海を追ってくると、その主体性が弱く見える。しかし、冊封関係成立のためには冊封される側の主体性は欠かせないし、中国的な文化も冊封による国際関係も「外被」であって、渤海の内部や対外関係にはそれとは異なる実態が存在したと思われる。それらはこのあと追い追いとみていくが、本節の最後では、渤海が唐に単純に従属した存在ではないことを示すため、渤海の中華意識について述べておきたい。

本節冒頭で述べたように、冊封体制を支える思想には華夷思想と王化思想があり、この思想は、冊封によって中国との国際関係を構築した経験を持つ東アジア文化圏の国々にも受容された。そのためこれらの国々が中国をモデルに制度を整備すると、おのずから中国的な中華意識のもとに国内の多様な種族を支配し、周辺との関係を構築して、「小中華帝国」となるのが一般であった。

渤海も例外ではない。先に紹介した大江朝綱の逸話には、渤海の支配層が唐文化を高度に吸収していることを根拠に、自国を高みに置き日本を低くみる意識が明確に読み取れるし、唐の朝廷において新羅と席次を争った争長事件では、自らを「強」「盛」として誇り、新羅を「弱」「衰」として低くみるという対新羅優越感が表れている。とはいえ、日本に対しては、その要求を受け入れ朝貢という形で関係を構築していたし、新羅とは緊張関係があったためにそのような国際関係すら結ばなかった。その意味で、周辺諸国に対し渤海は「小中華帝国」として臨むことができなかった。

一方、国内的には、同じ唐の被冊封国である新羅よりも「小中華帝国」としての姿を明瞭に持っていた。まず渤海は、大武芸以降、独自年号を使用した。かつて新羅も独自年号を使用していたが、親唐路線を取るようになってこれを停止し、唐の年号を使うようになった。年号には、皇帝が空間のみならず、時間をも支配する意味が込められており、それを使うこと（これを「正朔《せいさく》を奉じる」という）は皇帝への服従を意味する。本来的には冊封を受けている以上、正朔を奉じるのが筋だが、それを渤海は拒否していたのである。

また、『新唐書』渤海伝によれば、王の命令は「教《きょう》」、王の母は「太妃」、妻は「貴妃」となっており、このとおりならば唐冊封下にある王国の規定どおりに制度が作られていて、渤海は被冊封国の分《ぶん》を守っていたことになる。しかし、これはあやしい。渤海の官制をみると、宣詔省という官庁名や詔誥舎人《しょうこうしゃじん》という官名があり、特に詔誥舎人は唐の中書舎人《ちゅうしょ》に比され、王命を起草した。官名からすれば、王命は詔や誥と呼ばれていたと考えるのが自然である。また、最近発掘された第三代大欽茂の夫人の墓誌には「孝懿《こうい》皇后」、第九代大明忠の夫人の墓誌には「順穆《じゅんぼく》皇后」とあり、王の妻は「貴妃」ではなく「皇后」だったことが確定的になった。そういう視点で他もみてみると、貞恵《ていけい》公主や貞孝《ていこう》公主の墓誌に王のことを「皇上《こうじょう》」とする表現があり、これは本来皇帝に対して用いる表現である。

先にも述べたが、『新唐書』渤海伝の制度記事は、張建章『渤海国記』に依拠しており、その情報源は渤海側が唐の幽州《ゆうしゅう》節度使の使者たる張建章に伝えたものである。したがって、渤海と唐の関係に問題が起こりそうな情報は修正されていたと考えられ、ここがまさにその例なのである。

ただし、渤海王が皇帝を名乗っていたかというと、それはまた別の話である。順穆皇后の墓誌には、「簡王皇后泰氏也」とあり、渤海王は王を名乗ったままで、実態として皇帝的に国内に君臨していたのである。こういう姿にも、渤海独自の「小中華帝国」のあり方をみることができよう。

東部ユーラシア世界のなかの渤海国

冊封体制論の限界

西嶋定生の冊封体制論は、東アジアという枠組みで広域的に歴史を考えるものではあったが、もともとは戦前に独善化した日本史を、あらためて世界史の文脈のなかに位置づけなおそうとした試みであり、一九五〇・六〇年代という冷戦下で日本・中国・朝鮮・ベトナムが密接に関係し合っているという現実に向き合いながら考え出された、日本の歴史を理解するための理論であった（李成市『東アジア文化圏の形成』山川出版社、二〇〇〇）。そのため、本書が問題にしているような「一国史観」の克服という発想は乏しく、日本と中国という対照関係がかなり明瞭で、その他の東アジア地域の歴史はその特質を導き出すための材料でしかなかった。それゆえ、それら地域の特色や主体性、そして史実の厳密性には無頓着なところがあった。

冊封体制論が発表された当時、朝鮮史研究者から多くの疑義が出されたのも、今もって韓国では冊封体制論を嚆矢《こうし》とする日本の東アジア世界論への不信感や警戒感が消えないのも、こうした要素によるところが大きい。また、新羅・渤海の滅亡やベトナムにおけるいわゆる独立王朝の登場、日本の律令制の崩壊といった一〇世紀の東アジア世界の変貌を、安易に唐王朝の衰退・滅亡の結果とみなしてしまいがちなのも、こうした要素による。西嶋が古代東アジア世界崩壊の端緒とみなした安史の乱以降に、渤海は国家体制を整備してその最盛期を迎えており、これはその歴史理解にとって不都合なはずだが、西嶋にはこれについての言及がない。おそらく西嶋にとって渤海は事実を追求すべき対象ではなく、そのためこの問題性に気づかなかったのであろう。

また、冊封体制論が中国側の国際関係・領域理解に対する論理構造、いいかえると中華帝国秩序の論理構造を明らかにしたことは特筆に値するが、それは、中国をめぐる国際関係を中国側から静態的に把握する場合には有効な一方、国際関係のダイナミズムを動態的に把握するには不向きであった。たとえば、七三〇年代の唐渤紛争を、西嶋は黒水靺鞨をめぐる両国の確執に新羅・日本を加える程度でしか描かないが、概説で述べたように突厥・契丹《きったん》などの遊牧勢力との関係なしには紛争のダイナミズムは理解できない。

前節が比較的静態的になったのは、冊封体制論の考え方で東アジアの枠組みを設定したからである。この枠組みでみると、どうしても唐の姿がクローズアップされ、東アジア世界の歴史のなかの渤海は影響を受ける対象となり、歴史の推進者とはならない。渤海研究のパイオニアであった鳥山喜一は、唐を太陽、渤海をその光によって輝く月に喩えたが、冊封体制論的な渤海像では、無意識のうちにこの戦前の理解に近づいてしまう。こうした姿とは異なる渤海像をみようと思うなら、冊封体制論が無視した、渤海の西に隣接する遊牧世界を組み込んだ、より大きな枠組みのなかで渤海をみてみる必要がある。

中国の相対化と中央ユーラシア・東部ユーラシア

冊封体制論のこうした問題点を認識した研究者が当初考えたのは、東アジアを中国・朝鮮・日本・ベトナムに限定せず、中国の北や西に拡大するという方法だった。確かにこのように東アジアを拡大すると、国際関係がより動態的に把握できたし、中国と周辺諸国との関係も冊封以外に多様なものがあり、冊封も羈縻と総称できる中国の対外政策の一形態とみなすことができた。ただ、これは中国の対外政策や帝国構造を追求するには有効だが、周辺諸国の主体性やその広域世界における周辺諸国の歴史的位置づけを考えるには有効な方法とはいえなかった。

そこで登場したのが、中国と北アジア・中央アジアを不可分な世界として一体に論じようとする、「中央ユーラシア論」「東部ユーラシア論」などと呼ばれる考え方である。東アジアという概念は、どうしても中国を中央に置くため、それを絶対視してしまいがちであり、そこからの脱却がむずかしい。これに対し、中央ユーラシア論・東部ユーラシア論では、中国を相対化でき、たとえ同じ範囲を指したとしてもそこにおける中国とその他諸国の関係は大きく異なる。

また、中国王朝の見え方にも違いが生じる。たとえば、唐は中央アジアの国々から「タブガチ」と呼ばれていたことが知られているが、「タブガチ」の語源は拓跋《たくばつ》であり、モンゴリアの覇者でもあった北魏《ほくぎ》の伝統を引くことに由来する。唐の太宗《たいそう》が東突厥を滅ぼしたとき、天可汗の称号を西北諸部族の首長たちから贈られるが、これを中国史的な視点でみると、農耕世界の中国を統一した唐帝国が遊牧世界をも含みこんで世界帝国に成長したものと解釈される。しかし、この視点でみれば、この称号の授与は北魏の継承者として当然のことであり、本来モンゴリアと北中国を一体のものとして支配していた北魏系の勢力が、南中国をも含むユーラシアの一大帝国となったのが唐だという解釈もできるのである。

ただし、中央ユーラシアという概念と東部ユーラシアという概念では、その範囲に違いがある。中央ユーラシアという概念は、ハンガリー生まれで、フランス国籍を持っていた、アメリカのアルタイ学者デニス・サイナーによって初めて使われた。彼が一九五八年に出版した『中央ユーラシア研究入門』では、積極的な地域の定義はなく、「言語」の部ではウラル・アルタイ語系言語として女真語《じょしん》・満洲語が扱われる一方、「歴史」の部では大興《だいこう》安嶺《あんれい》以西で活動した遊牧系諸族が扱われ、マンチュリアの種族で登場するのは大興安嶺以西に進出した女真以降である。マンチュリアの位置づけには曖昧さがあり、そのためこの概念が日本で定着する過程で、マンチュリアを含む場合と含まない場合があったが、近年では中央ユーラシアを草原とオアシスに代表される内陸アジアとほぼ同義に使い、マンチュリアを含まない方向に収斂しつつある。そうなると、渤海をこの枠組みで理解するのはむずかしい。

これに対し、東部ユーラシアの地理範囲は、北や西に拡大した東アジアに近いが、それよりもやや広く、北方の森林地帯の一部などを含む。また、南に拡大して東南アジアの海域世界を含む考え方もあり、近年では東アジアより広範囲に国際関係をみようとするときに使われる傾向が強い。ただ、その分だけ概念規定が曖昧となり、ときには「中国中心の東部ユーラシア」という表現までみられ、中国を相対化するという本来の趣旨が忘れられているケースもある。ここではその本旨を念頭に、海域世界は組み込まず、中国と北アジア・中央アジア、さらにマンチュリアを一体に理解するための枠組みとして東部ユーラシアを使用する。この枠組みで渤海を理解してみようというのが、本節の意図である。

「北狄」としての靺鞨・渤海

われわれは渤海を東アジアの枠組みで理解することが多いため、唐が渤海を「東夷《とうい》」ではなく「北狄《ほくてき》」に分類していた事実を見落としがちである。『旧唐書』渤海靺鞨伝も、『新唐書』渤海伝も、鉄勒《てつろく》・契丹・奚《けい》同様、北狄伝のなかの一列伝である。これは唐が渤海を靺鞨の一種と理解していたためで、『旧唐書』靺鞨伝・『新唐書』黒水靺鞨伝も北狄伝のなかにある。このように靺鞨・渤海を北狄に分類するのは『唐会要』も同じで、その原型で現存しない唐後半期の史書『会要』『続会要』からそうであったと考えられる。このほか北狄という表現ではないが、七〇〇年に出された蕃域・絶域の範囲を規定する勅には、靺鞨が突厥・契丹とともに「北」の蕃域として扱われている。

しかし、靺鞨は『隋書《ずいしょ》』段階では東夷伝に属しており、靺鞨の前身の勿吉《もっきつ》、その前身と目される粛慎《しゅくしん》・挹婁《ゆうろう》などもすべて正史では東夷に属する。唐代の史書でも『通典《つてん》』（八〇一）がこの立場を採って靺鞨を東夷に入れるが、これはその記述がもっぱら『魏書《ぎしょ》』『隋書』の東夷伝の記事で構成されたからで、『通典』の区分を唐代の一般認識とみることはできない。したがって、靺鞨の位置づけが東夷から北狄に変わったのは唐代であり、そのため靺鞨の一種とされた渤海も北狄に分類されたのである。

では、なぜこのような変更が起こったのか。北狄は本来、北方遊牧民たちを指すが、靺鞨・渤海は遊牧民ではない。それなのに、唐はなぜ北狄に分類したのだろうか。

想定しうる答えは二つある。一つは交通路の問題で、靺鞨と唐が使者を往来させるルートが北狄の契丹・奚を通るからという答えである。ただ、このルートは存在するが、この他に唐の最初の渤海冊封使・崔訢《さいきん》が利用した黄海沿岸の海上ルートがあり、靺鞨・渤海への交通路としてはこの方がメインだった。とすれば、この答えは正解ではない。

もう一つは、靺鞨・渤海の動向が唐にとって対北狄政策の要《かなめ》だったからという答えである。私はこれが正解だと思う。そこで、前章とかぶる部分もあるが、北方遊牧諸族と靺鞨・渤海の関係史を簡単にたどってこのことを確認してみたい。

靺鞨と突厥

『魏書』『隋書』『北史』の勿吉伝・靺鞨伝冒頭には、その位置を高句麗の北とするだけで、遊牧系諸族との位置関係がない。また、高句麗との対立は記すが、遊牧民との関係への言及はない。ただし、隋の文帝《ぶんてい》への靺鞨諸族の来朝記事のなかに、契丹と隣接して互いに劫掠《ごうりゃく》する関係にあるのを、文帝が戒めて止めさせたという記述がある。この靺鞨は粟末《ぞくまつ》靺鞨と推定されるが、重要なのは、隋代に入り初めて靺鞨と遊牧系諸族との関係が中国側に認識されるようになったことである。その後、高句麗との抗争に敗れた粟末靺鞨の一部は隋に来投し、営州周辺に居住して、契丹とともに高句麗遠征などに従軍するが、それはあくまで一部であり、靺鞨本体ではない。

唐代に入ると、記事の雰囲気が大きく変わる。『旧唐書』『新唐書』とも靺鞨の西に突厥があると記す。さらに『旧唐書』靺鞨伝は、靺鞨の数十ある部族のうち、あるものは高句麗に付属し、あるものは突厥に臣属していたと記す。これは高句麗と東突厥がともに存在した唐建国当初の状況であり、『新唐書』突厥伝にも、当時、東突厥東方の小可汗であった突利《とつり》可汗が契丹・靺鞨を統括していたとある。隋末における中国本土の混乱を背景に、突厥はその勢力を急速に拡大したが、それは高句麗北方の靺鞨にまで及び、唐は建国当初、靺鞨を突厥に属する東方勢力と認識していたのである。おそらくここが靺鞨の北狄への分類変更時点であろう。

その後、六三〇年に東突厥は唐に敗れて羈縻州となったが、このとき靺鞨は唐に従属しなかった。六四一年、突厥に代わりモンゴリア北部の覇者となった薛延陀《せつえんだ》が唐に進攻したが、ともに進攻した諸族のなかに靺鞨の名もある。この靺鞨は黒水《こくすい》・払捏《ふつでつ》らの北部靺鞨とみられるが、その後、黒水以外は高句麗の勢力下に入ったようで、六六八年の高句麗滅亡後に設置された羈縻州名に払捏州・鉄利《てつり》州などがみえる。

高句麗滅亡後の唐による満洲支配は一時期的なもので、六七六年以降は遼東《りょうとう》しか実質支配ができなかったが、それでも靺鞨諸族の動向に大きな影響を及ぼした。なぜなら、唐は抵抗する高句麗人と靺鞨人の一部を大量に唐に移住させ、それを機に靺鞨諸族が再編されたとみられるからである。従来、知られていた伯咄《はくとつ》・安車骨《あんしゃこつ》・号室《ごうしつ》などの靺鞨諸族の名前が消え、代わりに越喜《えつき》・鉄利・虞婁《ぐろう》などが登場するのは、こうした事情の反映であろう。契丹の反乱を契機に、営州付近に遷徙《せんし》させられていた高句麗人・靺鞨人が故地に戻って渤海を建国するのも、こうして始まった靺鞨再編の第二ステージと位置づけられよう。

契丹の反乱は、突厥第二帝国の東方への勢力拡大にも道を開いた。反乱終結にあたって武周《ぶしゅう》に手を貸した突厥は、契丹の本拠に攻め込んで支配下に収め、唐と対立した渤海のみならず、黒水などの北部靺鞨諸族までも従属させた。こうして強大化した突厥に対抗するため、武周革命から復活した唐の中宗《ちゅうそう》が採った政策が、渤海に使者を送って唐側に付くよう促すことであった。これを受けて大祚栄は子の門芸を宿衛《しゅくえい》として唐に送ったが、突厥の力に陰りのない当時の状況下ではこれ以上進展しなかった。

しかし七年後、再び突厥との対峙姿勢を明瞭にした玄宗によって再度同じ政策が実施される。それが大祚栄の渤海郡王冊封と、冊封使崔訢の派遣である。崔訢は周囲の靺鞨諸族へも入朝を働きかけ、渤海のみならず払捏・越喜・鉄利がそれに応じた。これは突厥勢力切り崩しの第一歩であった。だからこそ、大祚栄に破格の左驍衛大将軍が与えられたのである。ただし、この時点の渤海はまだ突厥との関係を絶ち切れなかった。

渤海冊封から三年後、カプカン可汗《カガン》の急死によって突厥の大帝国は一時的に崩壊し、渤海・契丹・奚などのその東方勢力は一斉に唐側に帰属した。突厥帝国はビルゲ可汗によってすぐに復活するが、唐はこれが東方に力を伸ばさないよう、契丹・奚に公主を降嫁するなどの優遇策を講じる。それでも契丹・奚のなかには反唐勢力があり、概説で述べた七三〇年の唐への反乱以前にも、七二〇年に契丹の君長が反唐勢力の排除に失敗して敗死し、一時的に契丹・奚が唐の羈絆《きはん》を離れたことがあった。このときの唐の対応策が、渤海に使者を派遣して契丹・奚を挟撃しようとするものだった。

唐渤紛争前後における契丹・奚の動向

七三〇年からの契丹・奚と唐との紛争、およびそれと連携した唐渤紛争の経緯は、前章で詳述したので省略する。最終的に、七二四年のビルゲ可汗の死による突厥の弱体化、契丹・奚の降伏、渤海の唐帰順でこの紛争はいったん終わったが、契丹・奚をめぐっては続きがある。突厥の新たな可汗が求心力を取り戻すべく、七三五年早々、唐に帰属した契丹・奚の討伐に動き出すのである。このとき突厥は、渤海にも契丹・奚討伐に加わるよう使者を送ってきたが、渤海はこの使者を留め置き、唐に情報を流した。結局、突厥は同年七月に契丹・奚を攻めたが、契丹に敗れ、敗走する部隊も唐軍と奚に撃破された。このダメージは大きく、これにより突厥の衰退は決定的となる。

それでも契丹・奚内部の反唐勢力は衰えていなかった。結局、彼らは、七三六年春に親唐的な君長側と袂《たもと》を分かち、北に走って自立する。こうして唐の東北辺で契丹・奚が反唐的な動きを取るようになり、それへの対応が課題となるなか、その討伐で名を上げたのが安禄山《あんろくざん》である。

安禄山と渤海

話を少し前に戻す。唐渤紛争の発端は、七二六年に黒水靺鞨が唐に遣使して黒水州都督府になった一件である。つづいて七二八年に再度遣使した黒水に対し、唐はその族長に李献誠《りけんせい》の姓名を賜い、雲麾《うんき》将軍兼黒水経略使を与えたが、このとき同時に幽州都督をその押使《おうし》に任命した。押使は押蕃使《おうばんし》のことで、この時期のそれは、帰属して羈縻州となった種族が外部勢力と連携しないように監視・統治することを任務とした。それを兼務した幽州都督は幽州節度使を兼ねるから、契丹・奚を管轄する幽州節度使が黒水靺鞨をも管轄するようになったのである。

おそらく黒水だけでなく、忽汗州となっていた渤海も幽州節度使の管轄下にあったと思われる。事実、渤海の登州侵攻で始まる唐渤紛争の際、渤海の南境に攻め込んだ唐軍は、登州のある河南道の兵ではなく、幽州節度使の兵であった。

七四〇年になると、幽州節度使から分かれた営州の平盧《へいろ》節度使が、押両蕃《りょうばん》（契丹・奚のこと）渤海黒水等四府経略処置使を兼ねた。渤海の管轄が遊牧民である契丹・奚を管轄する節度使であることが、ここで明瞭になるのである。翌年、この平盧節度使となったのが安禄山である。彼は七四四年に范陽《はんよう》節度使（七四二年に幽州節度使が改名）を兼ね、七五〇年には范陽節度使として押両蕃渤海黒水等四府節度処置使を兼ねることになる。渤海の管轄が営州から幽州に戻った形だが、いずれもその職を帯びたのは安禄山であり、それは安史の乱まで続く。

今、安史の乱の評価が変わりつつある。安禄山の根拠地幽州は、当時、近郊を含めて四〇万近い人口を抱える大都市だったが、その二割が契丹・奚・靺鞨・突厥などの非漢族の羈縻州民や兵士で、ほかに多数のソグド商人が住んでいた。もともとソグドと突厥の血をひく安禄山は、彼らと密接な関係を結び、遊牧民の軍事力とソグドネットワークを使ったシルクロード交易等による経済力を手にし、それが乱の原動力となった。このあり方は、一〇世紀に中央ユーラシアに一斉に登場するユーラシア型国家（いわゆる征服王朝）の先行形態とみることができる。ユーラシア型国家とは、それまで農耕・定住地帯への掠奪や征服・失敗を繰り返していた遊牧民が、少ない人数でそれら地域を安定的に支配する組織的ノウハウを身に付け、文字文化も取得し、支配システムをしっかり構築した国家のことで、その基礎には遊牧民の軍事力とシルクロード交易による蓄財があったという。安禄山が興した大燕《だいえん》は、これら要素を十分に持っていたが、ウイグルの協力が得られずに滅んでしまった。それゆえ、安史の乱を「早すぎた征服王朝」とする見方もある（森安孝夫『シルクロードと唐帝国』講談社、二〇〇七）。

安禄山の経済ネットワークについては、西方ばかりが注目されてきた感がある。しかし、彼は渤海を管轄する押蕃使だったのであり、その職務からみて、彼が渤海と頻繁に通交したであろうことは想像に難くないが、残念ながら具体的な史料が残っていない。ただ、日本に派遣された渤海使のなかに史や安といったソグド姓の者がいたり、ロシア沿海地方に中央アジア系の遺物が出ていてそこにソグド人のコロニーがあったと想定されているなど、渤海にもソグド人がいて、そのネットワークが渤海にまで及んでいたとみられる（E・V・シャフクノフ「北東アジア民族の歴史におけるソグド人の黒貂の道」『東アジアの古代文化』九六、一九九八）。このソグド人コロニーが想定される地域は、渤海の重要交易品の馬の産地、率賓府《そつぴんふ》の地である。不明な点は多いが、今後、安禄山勢力の成長を考える際には、渤海との関係も視野に入れる必要があろう。

安史の乱は、結局、八年で平定されてしまった。この間、渤海は安史の乱勢力にも唐にも与せず、情勢を静観していた。また、乱末期には史朝義《しちようぎ》が、唐が玄宗《げんそう》・粛宗《しゆくそう》の死で混乱しているという偽情報をウイグルと渤海に流し、味方に付けようとした。乱のゆくえを決定づけるウイグルとともに渤海にも同じ偽情報を流しているところに、安史の乱勢力にとって、背後の渤海がいかに脅威であったかがわかる。

河朔三鎮と渤海

安史の乱は終結したが、それは唐による河北地方支配の完全回復を意味しなかった。乱が平定できた理由の一つが、安禄山・史思明に仕えていた将軍たちの唐への帰順であった。彼らには節度使が与えられ、河北を中心に配置されたが、なかでも李懐仙《りかいせん》の幽州盧竜《ろりょう》、田承嗣《でんしょうし》の魏博《ぎはく》、張忠志《ちょうちゅうし》（のち李宝臣《りほうしん》と改名）の成徳《せいとく》の三節度使（藩鎮）は河朔《かさく》三鎮と呼ばれ、半独立体制を維持した。

この藩鎮の歴代節度使はソグド系突厥や奚・契丹の血を引く者たちで、河北地域は北方系諸族と漢族とが共存する多種族的状況に在った。また、その統治のノウハウはのちに契丹や五代《ごだい》の沙陀《さだ》政権（後唐《こうとう》・後晋《こうしん》・後漢《こうかん》）といった中央ユーラシア型国家へと引き継がれる。河朔三鎮は中国史より中央ユーラシア史のなかに位置づけた方が、その意義が明瞭になりそうである。

さて、河朔三鎮で最初に大きな力を持ったのが、奚族出身で安禄山の仮子《かし》（養子の一形態）だった李宝臣である。彼は、河北中部に巨大な勢力を築き、その擬制的血縁関係を利用し、安禄山の後継者として河北・山東の諸藩鎮のシンボル的存在となり、彼らと婚姻関係を結んで藩鎮連合を形成した。それは安禄山の大燕の復活のようであったが、李宝臣が死ぬと唐朝の介入でこの藩鎮連合は崩壊する。

この李宝臣と渤海の関係、および中央アジアと渤海の関係を示す史料に、敦煌《とんこう》出土ペリオ＝チベット語文書一二八三番がある。森安孝夫《もりやすたかお》によれば、この文書は、吐蕃が八世紀末〜九世紀初に河西《かせい》回廊・隴右《ろうゆう》一帯に勢力を拡大した際に、敦煌の古文書庫から発見した「ホル王が派遣した五人のホル人の報告」という文書に基づいてチベット人が書き記したもので、チベット人のための『北方誌』という性格を有するという。また、ホル人はソグド人のこと、ホル国は涼州にあったソグド人コロニーとみられるとし、もととなった文書は、八世紀中葉にその国が東方の情勢を探るべく派遣した者の報告だという（『シルクロードと唐帝国』）。森安の訳に従って、その一節を記すと次のとおりである。

これ（奚）より東方を見ると、トルコ人がムクリク、漢人が高麗と呼ぶ者がいる。山《さん》東《とう》地方の大臣である張忠志の領域である高麗地方では、住民は顎が胸にくっついており、人肉を食べ、年老いた父母と老人たちを交換に出して殺すのである。

森安はこの高麗を渤海のこととする。これに従えば、ソグドネットワークが中央アジアから奚を経由して渤海にまで至っていたことを、この史料は示していることになる。

また、高麗＝渤海が張忠志＝李宝臣の領域とされていることについても、森安は、李宝臣の安史の乱直後の華北一帯における権力は絶大で、安史の乱時に遼東を占領した渤海と、渤海湾を挟んで直結していたのであろうと推定した。しかし、おそらくこれはあたらない。

なぜなら、安史の乱時に渤海が遼東を占領した事実は確認できないからである。

留意すべきは、李宝臣を盟主とする藩鎮連合に平盧《へいろ》淄青《しせい》節度使が入っていたことである。

渤海を管轄する押蕃使は、七六五年に、渤海への海路の起点登州を管轄する平盧藩鎮（営

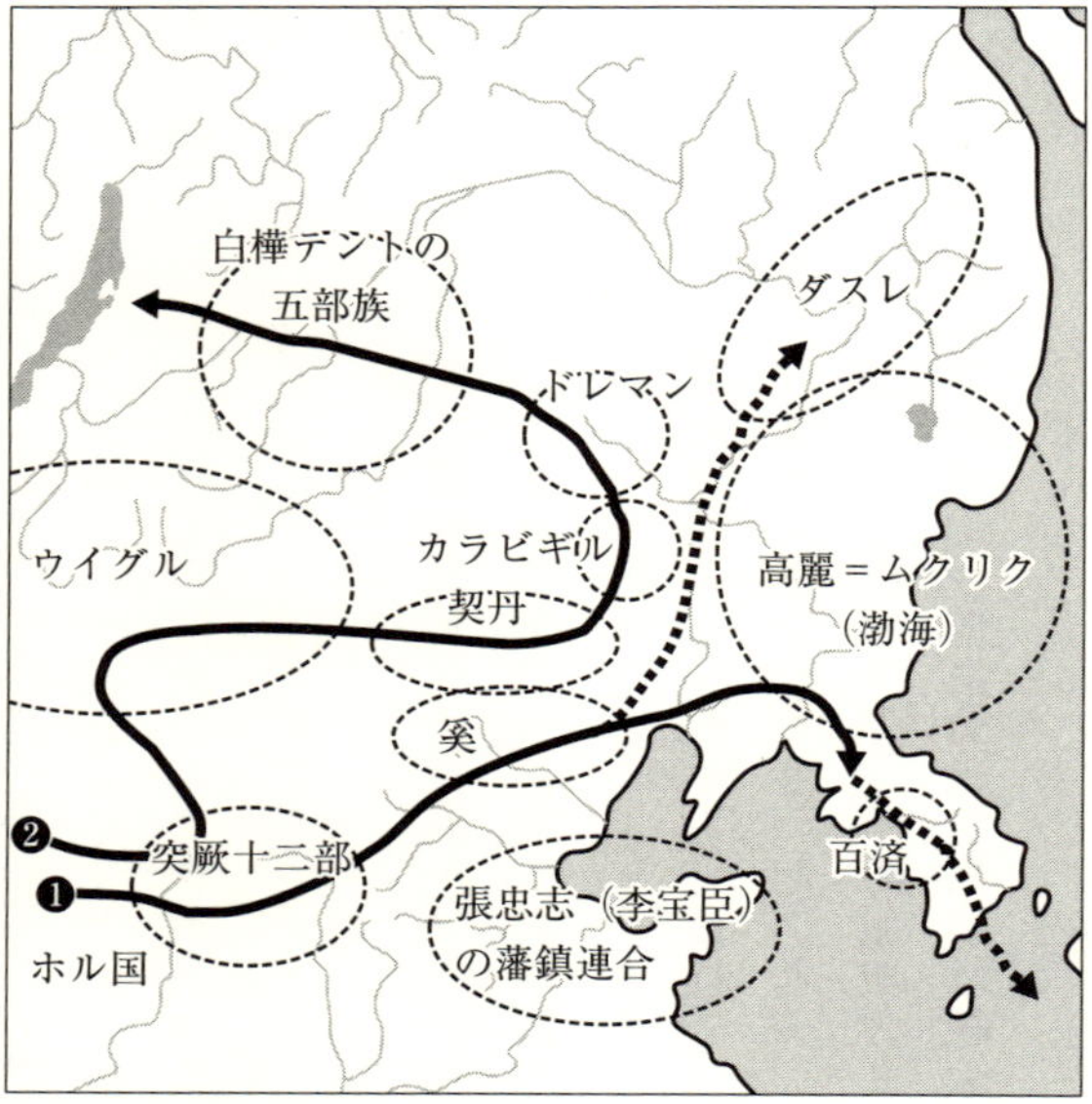

図12　五人のホル人使者のうち第一・第二の使者の足跡（森安孝夫『シルクロードと唐帝国』講談社学術文庫，2016年，340-341頁の図をもとに一部修正して作図）

州の平盧節度使は七六一年に渡海して現在の山東省に移動していた）に移っていた。このことが渤海は平盧藩鎮管轄下の地、要するにその領域とする認識を生じさせても不思議はない。そしてその平盧藩鎮の上に李宝臣が君臨しているようにみえれば、それは李宝臣の領域ともみなされよう。ただし、李宝臣が渤海とまったくつながっていなかったともいえない。李宝臣は渤海湾岸の港滄州《そうしゅう》を領しており、そこから海路で登州を経由して渤海と密接な関係を持つことは可能だからである。この辺の情報が混ざりあった結果が、渤海を李宝臣が領有しているという情報になったのであろう。

一方、河朔三鎮のなかで最も渤海と親密だったのは、幽州盧竜藩鎮である。ここは渤海に対する押蕃使の肩書を七六五年に失ったが、その直後に節度使の朱希彩《しゅきさい》（在任：七六八～七七二）が張光祚《ちょうこうそ》を使者として渤海に派遣したことが、河北省琢《たく》県で発見された張光祚墓誌によって確認できる。その後もこの関係が九世紀前半まで継続したことは前章で述べたとおりである。この関係の継続は、契丹・奚の防衛を最前線で担わされていた幽州盧竜藩鎮にとって、渤海がその後背勢力として重要だったからにほかならない。

黒貂の道

ここまでで、唐にとって渤海が北狄政策の要であったことは証明できたと思うし、渤海が北方遊牧民の歴史の流れのなかに、脇役ながら、位置づくことも明らかにできたと思う。これをさらに東部ユーラシア史のなかで明瞭に位置づけるには、渤海を滅ぼした契丹との関係をみる必要があるが、その前に、北の森林地帯と渤海の関係について少し触れておく。

ロシアの考古学者E・V・シャフクノフは、一九八〇年代初頭にロシア沿海地方の渤海・女真遺跡から出土した工芸品を分析し、それらのなかに中央アジア製品やビザンチン原産品が大量にあったことを背景に、東北アジアの諸種族と中央アジアを結ぶシルクロードとは別の交通路があるとの仮説を立てた。そしてその主要交易品として黒貂《くろてん》の毛皮があったと考え、これを「黒貂の道（セイブルロード）」と名づけた（「北東アジア民族の歴史におけるソグド人の黒貂の道」）。

シャフクノフによれば、このルートは、トルキスタンからアルタイ、南シベリア、西モンゴルを通り、セレンガ川へ至り、そこからスルホン川（トーラ川の誤り？）上流を経てオノン川やケルレン川に向かい、さらにそこから川を下って黒竜江《こくりゅうこう》、松花江《しょうかこう》、ウスリー江、そしてマンチュリア内部へと至るという。そしてそれは、紀元五〇〇年前後にアムール河流域にソグド人が住みついて、始まったとする。

シャフクノフはこのルート上に中央アジア系の遺物が出ることと、地名等をソグド語で解釈できることを根拠にするが、漢籍史料に誤読があり、説得力が十分とはいえない。また、トルキスタンからケルレン川に至る道は、通常、草原の道（ステップルート）と呼ばれるものと被っているように思われる。

私の理解が正しければ、この説の価値は、ケルレン川から黒竜江を下りマンチュリアに入るルートを指摘した点にある。いいかえると、草原の道から分かれて大興安嶺の北の森林地帯を河川沿いに移動する黒貂の道の存在を指摘したということである。八～一〇世紀の種族分布からすれば、突厥やウイグルなどが支配するモンゴリア北部から室韋《しつい》を経由して黒水靺鞨に至り、南下して渤海に入るルートになる。

渤海や靺鞨諸族が、このルートを使って西方とつながっていた可能性は十分にあるが、過大評価はできない。先にみた敦煌出土ペリオ＝チベット語文書一二八三番には、第二の使者が報告した、奚の北に位置する契丹からバイカル湖のほとりまで行くルートも載っているが、そこから黒水靺鞨らしきダスレ族や渤海への道は記されていない（図12）。ダスレへは奚から北方に行く道が記されているから、やはり八世紀中葉において遊牧民や西方世界と渤海や諸靺鞨を結ぶメインルートは、大興安嶺の南、奚や契丹のいる東部モンゴリアを通過するルートと判断される。

契丹帝国のひな型としての渤海

安史の乱勢力が中央ユーラシア型国家の先行形態とみられることは、先述した。この流れが河朔三鎮を経由して中央ユーラシア型国家の典型である契丹帝国（唐代の契丹と区別するため「帝国」を付す）につながるが、森安孝夫は安史の乱以外に、契丹帝国のひな型として、ウイグルと渤海を挙げる。森安が渤海を契丹帝国のひな型と考える理由は、渤海の統治形態を契丹帝国のいわゆる二元統治体制（遊牧民と農耕民を異なる支配原理で統治する体制）の原型と考える点にある（「渤海から契丹へ」『東アジア世界における日本古代史講座』七、学生社、一九八二）。

渤海は律令官制を導入し、形の上では唐に類似した支配システムを構築したが、実際の支配はその原理どおりには行われなかったと考えられる。そのことを示すのが、前章に示した『類聚国史《るいじゅうこくし》』渤海沿革記事である。それによれば、州県制の形は取っているが、実際には唐の羈縻州のように部落ごとに支配を行い、その大きさによって派遣される長官を都督・刺史と分けて呼んでいたということになる。

ただ、これをそのまま事実とはできない。なぜなら、渤海の中心地域には州・県に該当する城郭遺跡があり、州県制が実際に行われていたとみられるからである。その一方、渤海の領域と考えられるのにその城郭遺跡が少ない、あるいはまったくない地域も、中国黒竜江省北部やロシア沿海地方などにはあり、これは北部靺鞨諸族の地域である。ゆえに、沿革記事の内容は、北部靺鞨諸族支配をモデルにしたもので、渤海が間接支配したのはこの地域と考えられる。

渤海には農耕民も狩猟民もおり、それらもまた多様であった。こういう多種族国家を、農耕世界の法である律令制で一元的に統治するのは元来無理な話である。律令制的支配と同時に、それとは別の原理に基づく地方支配も行われたのが渤海なのであり、二〇〇年弱の長期支配のなかでシステム化され、ノウハウが積み重ねられたと推定される。

そうした渤海を滅ぼした契丹は、その地に東丹国《とうたんこく》を置き、従来どおり地方支配を行おうとしたが、うまくいかずに三年ほどでこれを遼陽に遷徙させた。しかし、短期間の支配であっても、長年蓄積された渤海の統治ノウハウを契丹が吸収することはできたはずで、それが契丹帝国の二元統治体制のもととなったというのが森安の主張である。

ところが、近年、契丹帝国を単純に農耕・遊牧に分けてしまう二元統治体制で理解することに異論が出ている。契丹帝国は非常に多様な集団を包摂しており、これを農耕・遊牧の二つの要素に還元するには無理があるという。また、従来、南面官制は農耕民、北面官制は遊牧民に対応すると単純に分けて考えてきたが、これに無理があることも明らかになっている。たとえば、契丹統治下の渤海人は農耕民だから漢人に準じて州県制下に置かれていたと考えられていたが、『遼史《りようし》』百官志によると渤海帳司《ちようし》という渤海人の統治機関は北面に属しており、遷徙《せんし》した東丹国も旧来の渤海の支配体制を維持したまま一世紀にわたって存在した。そのため、今では、渤海人は漢人とは異なる存在とみなされていたと考えられている（高井康典行『渤海と藩鎮』）。契丹の支配形態は単純な二元統治体制ではなく、もっと複雑な多元的システムとして理解すべきなのである。

このような理解の変化は、むしろ渤海を契丹帝国の統治システムのひな型とする見方を補強する。なぜなら、渤海の北部靺鞨諸族支配の形態は、支配対象とする種族、あるいはそのなかの部族によって異なっていたと推測されるからである。渤海の北部靺鞨諸族支配の詳細は次章に譲るが、渤海を契丹帝国のひな型とみる考え方は、依然として有効である。

本節で述べてきたことは、七世紀頃より靺鞨が遊牧世界と密接な関係を持つようになり、その延長線上で渤海も遊牧民の動向に大きく影響され、また影響を与え、一〇世紀の中央ユーラシア型国家を準備する役割の一翼を担ったということである。このようにみることで、渤海は東部ユーラシアの大きな歴史の流れのなかに位置づく。ただし、渤海の東部ユーラシア史への位置づけ方には、これとは違う方法もある。それは東部ユーラシアの一部である満洲の歴史における渤海の位置づけである。これはもう一つの東北アジアという枠組みとオーバーラップするので、章を改めて論じよう。

東北アジアのなかの渤海国

東北アジアという地域

東北アジアはどこを指すか

東南アジアは非常によく目にする用語で、この言葉を聞いただけでどの地域を指すかは容易に思い浮かべられる。これに対し、東北アジアという言葉は、最近使われることが多くなったとはいえ、東南アジアほどには聞き慣れないし、どこを指すかもすぐにはピンと来ない。実際に用例を見ても、使う人の立場によって地域範囲が異なっている。

そもそも東北アジアは、ヨーロッパ諸語からの、英語でいえばNortheast Asiaの訳語であり、北東アジアという直訳語も併存する。中見立夫《なかみたつお》によれば、ヨーロッパ諸語の方位観では北対南の対称軸があり、ついで東西が来るが、東アジア諸語では東西の軸のあとに南北が来るので、日本語の慣用表現としては東北アジアの方が適切だという。また、ヨーロッパ語圏でもその指す地理的範囲はまちまちで、この用語の最初期にあたる一九世紀末のロシア語の例では、ロシア帝国ウラル以東のアジア地域を指し、中国東北やモンゴルは入らなかったし、英語圏最大のアジア学術研究団体 Association for Asian Studies のなかの Northeast Asia Council には韓国・朝鮮研究と日本研究が入るが、中国研究は内陸アジアと一体になって別の分科会を形成するという。日本でも指す範囲はさまざまで、歴史学、特に前近代史研究者は東北アジアを、中国東北部、朝鮮半島、東シベリア、ロシア極東の範囲で、民族学・考古学研究者は北東アジアを、アリューシャン列島を端とするアジア大陸東北部の朝鮮半島を含む範囲で使うことが多く、国際政治研究者は両方の用語を先述の研究団体と同範囲で使用するが、特に朝鮮半島の政治力学を説明する際には北東アジアがよく使われるという（「〝東北／北東アジア〟はどのように、とらえられてきたか」『「満蒙問題」の歴史的構図』東京大学出版会、二〇一三）。

こうしたことを前提に、本章では、東北アジアを使い、その範囲を前近代史研究者の使用範囲から東シベリアを抜いた、中国東北部、朝鮮半島、ロシア極東とする。また、東北アジア内部も、北側の満洲地域と南側の朝鮮地域に分けることができるが、この両者は最初から分化していたわけではなく、分化してからも境界は変動する。本章では、この点に留意しながら、東北アジア史の大きな流れを追い、そのなかで渤海がどのように位置づくかを考える。

ただ、東北アジアという枠組みで歴史をみる場合、戦前の満鮮史《まんせん》を置き換えただけではないかという批判が常につきまとう。まずこの点を議論したい。

戦前の満鮮史

戦前の満鮮史とは、満洲と朝鮮を一つの密接不可分な歴史地理的空間とみなした歴史体系である。戦前の日本の東洋史学ではかなり普遍的な分野で、特に研究の進んだ分野とされた。それはある意味当然である。一九世紀ヨーロッパで誕生した近代的学問の多くは、ヨーロッパ社会の工業化や国民国家化、植民地帝国化とかかわって発展した。それはこうした学問を導入した日本でも同じで、日本の東洋学はその大陸侵略に随《したが》って発展したという点で典型といえる。そして実際に日本が侵略の矛先を向け、支配していったのが朝鮮・満洲であったから、東洋史学研究の主力がここに注がれたのは当然なのである。

しかしこれは、敗戦による植民地喪失が、この学問にとって決定的なダメージとなることを意味する。実際、満鮮史の一部であった渤海史が敗戦によって大きなダメージを受けたことは、鳥山喜一の例を示しプロローグで述べた。ここから立ち直るには、それまでの学問のあり方を総括し反省を加える作業が必要だったが、それを朝鮮史の側で積極的に行ったのが、戦後日本の朝鮮史研究を代表する旗田《はただ》巍《たかし》（一九〇八〜九四）である。

旗田は、朝鮮史を一独自民族として発展した朝鮮民族の歴史と理解する観点から、満鮮史とは朝鮮史と満洲史という異なる国家・社会・言語・文化を形成した民族の歴史を一括したただけのもので、このことで朝鮮民族の存在を軽視したと批判する。そしてこの特質は、満鮮史が、日本の「満韓経営」という現実の課題に関わって唱えられたことに起因しており、現実課題に従って朝鮮から満洲へと研究領域が拡大していくという変化を研究者が学問的に深く考えなかったため、二つの民族史の単なる集合体である満鮮史がきわめて安易に生み出されたという。一方、こうした大勢とは別に積極的に満鮮史を理論づけ、「満鮮不可分」を主張した稲葉君山《いなばくんざん》（本名岩吉《いわきち》、一八七六〜一九四〇）に対しては、異なるものを強引にこじつけたと強く批判し、この主張は朝鮮民族の意識高揚・自主独立運動を抑制・否定するためになされたのだと結論づけた（「満鮮史の虚像」『日本人の朝鮮観』勁草書房、一九六九）。

旗田のこの見解が、満鮮史が日本の朝鮮・満洲支配に奉仕するものであったことを明示した意義は大きい。また、彼自身が戦前の満鮮史研究のなかに身を置いていたため、研究者の無自覚や安易さへの批判は自己批判そのものであり、そのことが多くの人々の共感を得てその後の朝鮮史研究の発展につながった。

ただ、旗田が満鮮史を安易で無自覚な満洲史・朝鮮史の集合体とみなし、稲葉の「満鮮不可分」論を単なる民族解放の動きへの否定としてとらえたことについては、近年、井上直樹から異論が出されている（『帝国日本と〈満鮮史〉』塙書房、二〇一三）。井上によれば、「満鮮不可分」論は、旗田が想定した一九一九年の三一独立運動時点に生まれたものではなく、日露戦争直後に生まれたもので、朝鮮統治のためには遼東《りょうとう》半島支配が必要であることを、高句麗《こうくり》の例を踏まえて主張したものであった。これは稲葉以外に白鳥庫吉《しらとりくらきち》らによっても主張され、彼らは高句麗を前提に体系性を持った歴史として満鮮史を構想していたという。いいかえれば、満鮮史という歴史地理的空間は高句麗時代に成立していたのであり、それが本来の満鮮史の成立根拠だったのである。

満鮮史と東北アジア史の違い

高句麗史の研究者である井上は、ここから、中国と韓国・朝鮮にまたがり、一国史の枠組みに当てはまらない高句麗史を理解するには、現在の国境よりも大きな観点から見る、満鮮史的視座が有効という方向に論を展開する。ただし、これは戦前の満鮮史をそのまま持ち込もうというのではなく、従来のそれが持っていた通時的な歴史地理空間としての理解を否定し、あくまで高句麗史研究のための視座として重視するのであり、満鮮史と区別するために「東北アジア史的視座」と呼ぶのがよいという。

井上のこうした考え方は、本章の考え方と通底する。ただし、本章は井上の想定よりはるかに長期のスパンで、いいかえれば通時的に、東北アジア史をみようとしている。それは、東北アジアを一体の歴史地理的空間として理解できるのがいつまでで、いつそれが崩れ、その後の新たな歴史地理的空間がどのように展開したかを明らかにし、その流れのなかに渤海を位置づけようとしているからである。ここで述べる東北アジア史が満鮮史と明確に異なる点はここにある。

古代東夷の世界とその南北分割

『三国志』東夷伝の世界

本節では東北アジアの歴史を、三世紀末に陳寿《ちんじゅ》が著した『三国志《さんごくし》』東夷伝《とういでん》から始める。これ以前にも、粛慎《しゅくしん》や衛氏《えいし》朝鮮、前漢の朝鮮四郡、朝鮮半島南部の韓族、日本海側の濊貊族《わいばくぞく》などの姿が史料に散見されるが、東北アジア全域にどのような種族がいたかの大まかな見取り図が描けるような体系的情報は『三国志』東夷伝が最初だからである。

陳寿が東方諸種族の情報を体系的に集められたのは、魏が東方政策を積極的に展開したからである。魏は、遼東郡《りょうとうぐん》で自立し、朝鮮半島南部にまで勢力を広げていた公孫氏《こうそんし》を二三八年に滅ぼし、遼東郡・楽浪郡《らくろうぐん》・帯方郡《たいほうぐん》を回収した。つづけて、三度にわたって高句麗を攻め、三度目の二四五年の遠征では、本隊が逃げる高句麗王を追い、北上して粛慎氏

（挹婁《ゆうろう》を指す）の南界にまで至り、別部隊は日本海に達して東海岸一帯に展開した。こうして得られた情報が、『三国志』東夷伝のもとになった。

さて、『三国志』東夷伝に描かれた東北アジアの諸種族は、大きく三つにまとめられる。第一は、現在のロシア沿海地方にいたとみられる挹婁《ゆうろう》で、他の種族とは大きく異なる言語を話したという。第二は、現在の中国東北地方から朝鮮半島北部・中部にいた扶余《ふよ》、高句麗、東沃沮《ひがしよくそ》、濊《わい》の各族である。その言語は若干の違いはあるものの同系統であったと伝えられており、いわゆる濊貊系もしくは扶余系・高句麗系と称される種族である。第三は、朝鮮半島の南半分にいた韓族である。これはその居住地域に応じて馬韓《ばかん》・辰韓《しんかん》・弁韓《べんかん》（弁《べん》辰《しん》）の三韓に分かれ、それぞれに小国家群を形成しており、東部の辰韓、中南部の弁韓は同じ言語を話すものの、西部の馬韓は異なる言語を話したという。そしてその南の海上に倭《わ》があった（図13）。

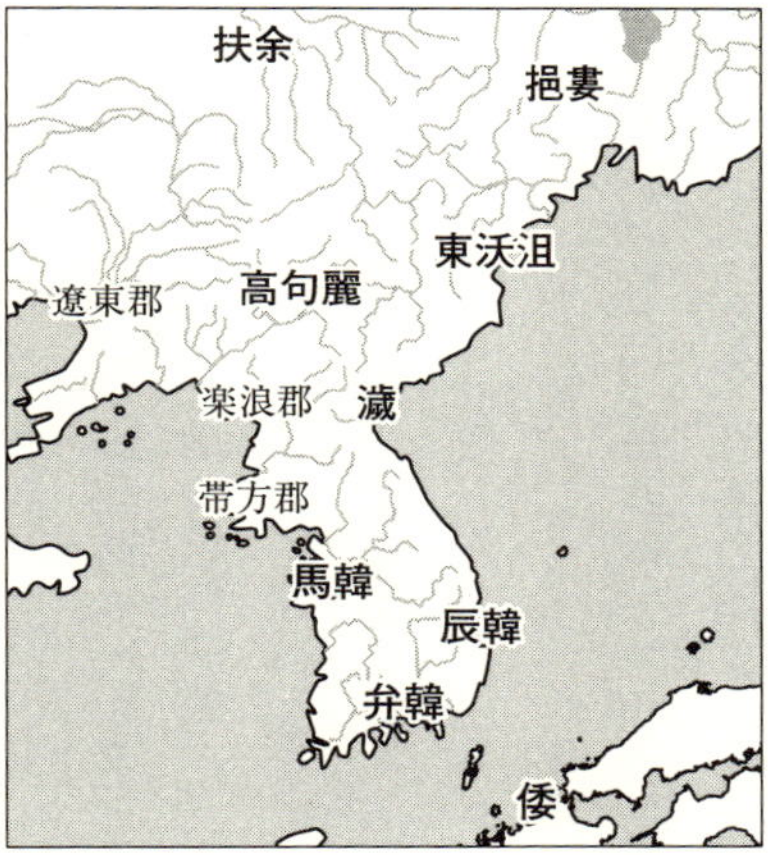

図13　『三国志』東夷伝の世界

この三世紀の東北アジアに展開していた古代の東夷たちの世界は、その後、高句麗と韓族の発展によって大きく変動する。

高句麗・百済・新羅の発展

高句麗は、紀元前二世紀末〜一世紀初に、鴨緑江《おうりょくこう》の支流である渾江《こんこう》流域の桓仁《かんじん》盆地（中国遼寧省桓仁県）と鴨緑江中流域の集安《しゅうあん》盆地（中国吉《きつ》林省《りんしょう》集安市）を中心に興起した。三世紀には集安の丸都《がんと》城《じょう》（山城子《さんじょうし》山《さん》城《じょう》）に都を置いて一大勢力となったが、魏《ぎ》の進攻によって丸都城が陥落し、一度ほとんど滅んだような状態になった。

その後急速に復興し、三一三年には平壌《ピョンヤン》付近にあった楽浪郡《らくろうぐん》を、翌年にはその南の帯《たい》方郡《ほうぐん》を滅ぼした。四世紀末〜五世紀初の広開土王《こうかいどおう》代には、西は遼河、北は扶余、東は日本海岸までを安定的な勢力圏として確保し、主に朝鮮半島中・南部で百済《ひゃくさい》・新羅《しんら》・倭などと抗争を繰り返した。次の長寿王の四二七年には、平壌に遷都して南下の姿勢を明確にし、新羅を従属下に置き、四七五年には百済の王都漢城《かんじょう》（現在のソウル）を落として百済領の北半を制圧下に置いた。この時期が高句麗の最盛期で、版図は東北アジアの大半に及んだ。

韓族のなかでまず興起したのが、馬韓の一国・伯済国《はくさいこく》を前身とする百済である。四世紀半ばに急速に発展し、後半には漢江《ハンガン》流域を制圧して北に勢力を伸ばし、平壌で高句麗と戦ってその王を戦死させた。しかし、その後は高句麗から執拗に攻撃され、結果、漢城を落とされて熊津城《ゆうしんじょう》（韓国忠清南道公州市《チュンチョンナムドコンジュシ》）に南遷し、朝鮮半島西南部の馬韓の残存勢力を制圧しながら復興を図った。六世紀に入ると、弁韓の後身である加耶《かや》諸国へと進出する。やはり四世紀後半に興起したのが、辰韓の一国・斯盧国《しろこく》を前身とする新羅である。ただ、四・五世紀は北から高句麗、南から倭の圧迫を受け、非常に厳しい状況下にあった。新羅が大きく飛躍するのは、六世紀初からで、五二〇年代までに辰韓全域を領土化し、東海岸に沿って現在の江原道《カンウオンド》まで勢力を伸ばすと、今度は加耶諸国に進出し百済と対峙する。また、漢江流域にも進出して高句麗・百済の勢力を押しのけ、五五一年には朝鮮半島西海岸にまで達した。五六二年には加耶諸国で最後まで残っていた大伽耶国《だいかやこく》（韓国慶尚南道《キョンサンナムド》高霊《コリョン》）を併呑《へいどん》した。

こうして東北アジアは、高句麗・百済・新羅の三国にほぼ分割されたが、それらに組み込まれなかった種族、あるいは組み込まれたが独自性を維持し続けた種族は、靺鞨《まつかつ》の名で呼ばれるようになる。たとえば、日本海岸の白山靺鞨は濊や沃沮の後身とみられている。

海東三国と三韓

その後、高句麗・百済・新羅は、七世紀中葉まで約一〇〇年にわたって三つ巴の抗争を繰り広げるが、日本ではこれらを朝鮮三国という。しかし、この表現は本書の視点からすると妥当ではない。朝鮮という地域は、この時点ではまだ東夷のなかから析出《せきしゅつ》されていないからである。では、この三国をまとめていう表現はないのかというと、「海東三国」と「三韓」という表現が唐初にあった。

たとえば、六五一年に唐《とう》の太宗《たいそう》が百済の義慈王《ぎじおう》に宛てた璽書《じしょ》には、「海東三国」は開基以来、境界を犬の歯のように入り組んだ形で接していたが、近年不和になり、お互いに戦争をしあって、安寧な年がなくなり、「三韓」の民は、俎板《まないた》の上に乗っているかのように命が危なく、憤りのままに干戈《かんか》を交える状態が、朝夕続いている、という内容の文章が書かれている。この「海東三国」が高句麗・百済・新羅を指すこと、そして「海東三国」と「三韓」が同じ地を指していることは、明らかである。「三韓」は本来、馬韓・辰韓・弁韓を指し、地域的にも朝鮮半島南部だが、それが東北アジア全域を指すようになっていたのである。

これについて矢木毅は、抗争する高句麗・百済・新羅を「海東三国」とくくるようになったとき、来歴を尊ぶ中国の人々が史書にみえる「三韓」を漫然とこれに当て嵌め、また、朝鮮半島や日本の文人たちもその慣例にならって「三国」を「三韓」と呼びならわすようになったと推定している（『韓国・朝鮮史の系譜』塙書房、二〇一二）。

統一新羅の成立

海東三国の抗争は、倭《わ》との深いかかわりに加え、中国を再統一した隋《ずい》が高句麗遠征を行ったことで、東アジア全域と突厥《とっけつ》、契丹《きったん》を巻き込んだ東部ユーラシアの大動乱へと発展した。隋の滅亡後しばらくは東北アジア内の抗争であったが、六四二年に泉蓋蘇文《せんがいそぶん》がクーデターで高句麗の実権を握ってからは、唐が本格介入し、再び大動乱期が訪れる。

転機となったのが、六六〇年、高句麗と結ぶ百済を唐・新羅連合軍が急襲して滅ぼしたことである。倭と組んだ百済復興勢力を、六六三年に白村江《はくそんこう》で破った唐と新羅は、六六八年に高句麗を滅ぼし、三国抗争は終焉《しゅうえん》する。しかし、百済・高句麗の旧領すべてを唐が支配したことで、旧百済領全域と平壌以南の旧高句麗領の領有を希望していた新羅との対立が激化し、唐は新羅遠征を行う。新羅は粘り強い戦いと巧みな外交でこれを退け、七六七年、唐は平壌にあった安東都護府《あんとうとごふ》を遼東に遷したうえで再攻勢を図る。しかし、吐蕃《とばん》の侵攻によって新羅再征計画は中止され、安東都護府移転は事実上、唐の朝鮮半島撤退となった。こうして誕生したのが、いわゆる統一新羅である。

この統一新羅という表現は、三国を統一した国家の意味で使われるが、実際には旧百済領と旧高句麗領の一部しか領有しておらず、集安・平壌といった高句麗中心地域すら支配下になかった。これだと高句麗を統合したとはいえないが、視点を領土から人に切り替えると違う答えがみえる。

高句麗滅亡後に反唐運動の中核にいた高句麗王族の安勝《あんしょう》が六七〇年に来投すると、新羅はこれを高句麗王、ついで報徳王《ほうとくおう》に冊封し、金馬渚《クムマジョ》（韓国全羅北道益山市《チヨルラブクドイクサンシ》）に高句麗を復興させて、新来高句麗人の受皿にした。六八〇年、新羅は安勝に王妹を娶《めと》らせ、高句麗王家と新羅王家の結合を図り、六八三年には新羅王家と同じ金姓を賜り、王都慶州《キョンジュ》に居住させた。高句麗王家の新羅貴族化である。翌年、これに反対した報徳国遺民は反乱を起こすが、平定され、国南の州県に移される。これにより新来の高句麗人は新羅に完全吸収された。重要なことは、新羅が自国の貴族として高句麗王統を維持させたことで、これは新羅が高句麗を吸収統合したことを意味する。

六八六年に建立された清州《チョンジュ》（韓国忠清北道《チュンチョンブクド》清州市）の天寿山寺蹟碑には「三韓を合わせて地を広げ、滄海《そうかい》に居りて威を振るわす」という表現が見える。場所が清州なので「三韓」が朝鮮半島南部を意味する可能性は否定できないが、私としては、ここに「三国一統」意識が表れていると解釈してよいと思う。

統一新羅の統合意識

ただし、この時期の新羅の統合意識は「三国一統」意識一本ではない。注目したいのは九誓幢《せいどう》という王都に置かれた軍団の陣容である。これは五八三年以来、順次整備されてきたもので、最初は九軍団の予定ではなかったが、途中から中国の王軍＝九軍という理念の影響を受け、九に揃える方向で整備された。高句麗滅亡前からあったのは二軍団で、まず六七二年に「新羅人」と「百済民」の軍団が増設され、ついで六八三年に「高句麗民」と「靺鞨国民」の軍団、六八六年に「報徳城民」の二軍団、最後に六八七年に「百済残民」の軍団が増設された。

新来種族を含む軍団が王都に置かれたことの意味は大きい。王都という狭い空間に領域内の種族状況が再現され、彼らが新羅王を取り囲むことによって、その統合者としての王の姿が浮かび上がるからである。また、新羅王巡幸の際には、その警備の行列が人々の目に触れることで、諸種族統合者としての新羅王の姿が可視化された。九誓幢とは、国内に居住する新来諸種族を安定的に統治すべく、新羅が彼らを包含する統合国家であることを可視化する装置だったのである。

このように九誓幢を見ると、そのなかに靺鞨人が入っていることが注目される。七世紀末における新羅の統合対象は領域内の全種族であり、そのため新羅には高句麗・百済に靺鞨を加えた「四族統合」意識があったのである。

しかし、こうした意識は八世紀以降みられず、九世紀までには三国の人を同族とみなす「三国一統」意識に一本化される。このことは、この間に新羅の統合対象から靺鞨人が脱落し、異族になったことを意味する。こうした三国人の同族意識の確立と靺鞨人の統合対象からの脱落の背景にあったのが、渤海の登場である。高句麗・靺鞨の両要素を持つ渤海と対峙するなかで、多数派の高句麗の囲い込みを強化し、少数派の靺鞨を排除したのである。

建国当初における渤海の高句麗継承意識

渤海は、高句麗人と高句麗に従属していた南部靺鞨人によって建国され、旧国から旧高句麗領を回復するかのように、南と東に領土を拡大した。つまり、旧高句麗の勢力範囲内に、高句麗遺民を糾合する形で、初期の国家形成がなされたわけである。このような場合、国家の正統性を担保し、人々を統合するために、渤海が高句麗の継承・復興を主張するのは必然の流れである。それを証明するのが、七二七年の第一次渤海使が日本にもたらした国書の「高麗の旧居を復し、扶余の遺俗を有《たも》てり」という自己紹介の文言である。

この扶余は、『三国志』東夷伝にもある、東北アジア北部で最初に強勢となり、五世紀には高句麗に吸収された国家である。高句麗の建国説話によれば、始祖朱蒙《しゅもう》は「河伯《かはく》（河の神）」の娘が日光に感じて生まれ、扶余王に養われて成長したが、その王子らに憎まれたので、迫害を避けて南に逃れ、高句麗を建てたという。建国説話で示された扶余との継承関係が、高句麗が扶余を征服して東北アジア北部の覇者となることの正統性を担保するものだったことはいうまでもない。

したがって、先の国書の文言は、単に高句麗の継承者といっているのではなく、扶余―高句麗の系譜に自らを位置づけたものなのである。そしてそれを国書で明言したことは、その地の領有の正統性を国際社会に向け主張したということでもある。これにクレームがなければ、国際的に認められたとして国内的にも強く主張できたであろう。この文言には、日本に「あの大国高句麗の継承者」と自己主張した以上の意味があったのである。

渤海郡王・桂婁郡王冊封と高句麗王家

日本に対して高句麗の継承者を主張したのだから、唐に対して主張してもおかしくないが、唐が大祚栄《だいそえい》に与えた爵号は渤海郡王で、高句麗王が唐から与えられていた遼東郡王・朝鮮郡王でも、高麗王でもなかった。ただ、嫡子大武芸《だいぶげい》には桂婁《けいろう》郡王が与えられた。桂婁という郡は過去にないが、先述のようにこれは高句麗王家が属した部の名前で、高句麗の別称としても用いられた。したがって、高句麗王を意味する爵号も渤海に与えられていたが、それは王自体ではなく、その後継者に与えられたのである。

こう考えると、唐は渤海を高句麗の後継者として認めていたようだが、それならばなぜ、爵号が高句麗に与えられた冊封号ではなく、高句麗王を意味する爵号も与えられたのが王ではなく嫡子なのであろうか。これには、唐が高句麗王家に爵位を与え、その祭祀を維持させていたことが関係する。

中国諸王朝は、前代の王朝の子孫に爵位を与え、封邑《ほうゆう》を給して宗廟《そうびょう》の祭祀を維持させるのを通例とした。その王朝が前の王朝を正統に継承していることを明示するためである。この方式は周辺諸国にも適用され、滅ぼした周辺諸国の王家に相当の爵位を与え、その宗廟の祭祀を維持させた。高句麗王家には朝鮮郡王が与えられたことが、高句麗最後の王・高蔵（宝蔵王）の孫・高震の墓誌、およびその娘の墓誌等によってわかっている。ちなみに、新羅が安勝を新羅貴族にして都に住まわせたのも、同じ考え方である。

つまり、唐としては、国内に高句麗の祭祀を維持させている高句麗王家がある以上、渤海が高句麗後継を主張しても認めるわけにはいかず、かといって、その主張を全面否定することもできなかった。そこで、大祚栄には、名族高氏の出身地で、しばしば高句麗王家の出身地と混同されていた渤海郡の名を付した爵号を、嫡子武芸には、王自体ではないので、もう少し関係が明確な高句麗の別称を使った爵号を与えたと考えられるのである。

また、ここからは唐が渤海を靺鞨に分類した理由もみえてくる。渤海は高句麗後継を謳《うた》うものの、実態として高句麗人だけの国ではなく、最初から多くの靺鞨人を抱えていた。このことは唐側も征討時に認識していた。渤海を高句麗後継とするわけにいかない唐としては、もう一つの核である靺鞨に注目し、そこに分類せざるをえなかったのである。

高句麗継承の主張の変化

唐との関係が悪化しつつあった七二八年、大武芸の嫡子・桂婁郡王大都《だいと》利行《りこう》が、唐で客死した。これ以降、唐が渤海王の嫡子を桂婁郡王に冊封することはない。背景には、これを契機に発生した王弟門芸と王の次子欽茂《きんも》との後継者争いと、親唐派門芸の敗北・亡命という事件があったと思われる。こうした事情のなかで唐が拒否したのか、渤海側が求めなかったのかは不明だが、渤海の太子を意味する桂婁郡王への大欽茂の冊封は実現しなかったのである。

このことは、唐の権威で保証されていた太子の地位を、渤海王の権威だけで保証しなければならないことを意味する。それは同時に、高句麗との最も大きな関連要素が消えたということでもある。領土拡大も、建国当初の旧高句麗領から、高句麗への服属経験がほとんどない北部靺鞨地域に変わってきた時期である。渤海には、高句麗継承意識とは別の、新たな統合原理が必要になっていた。

この新たな統合原理に話を進める前に、これ以降、高句麗継承の主張に変化がある点に触れておきたい。北に領土を拡大しても、旧高句麗領を多く領有している事実は変わらないから、渤海はその後も高句麗後継を主張しつづけたとみてよい。唐でも、朝廷は渤海を靺鞨に分類したが、社会一般は渤海を高句麗の後継者とみていたようである。旧高句麗地域はその後も「高麗」と呼ばれ、その大半を渤海が領有していたからである。先に見たチベット文書の高麗を渤海に充てる見解を支持できるのは、こうした理由による。

とはいえ、建国当初よりは主張のトーンは落ちざるをえない。ところが思わぬところから、高句麗後継を明示しろという要求が出てくる。それが日本である。

渤海使の史料を見ると、八世紀後半に、日本が渤海を「高麗」と呼び、渤海王も「高麗国王」を自称する時期がある。日本は、第一次渤海使がもたらした国書で渤海が高句麗の後継を自認していることを知るが、そこでイメージした高句麗像は、かつて臣属朝貢していた高句麗であった。そのため、日本は渤海を朝貢国とみなして「高麗」と称することを要求し、渤海も円滑な外交関係を最優先し、第四次渤海使から「高麗国王」を自称する。「高麗国王」自称は高句麗継承の強い自己認識の表れとする異論もあるが、石井正敏の丁寧な考証によるこの理解は揺るがない（「日本・渤海交渉と渤海高句麗継承国意識」『日本渤海関係史の研究』）。ただ、本来の「渤海郡王」より上位の「高麗国王」を称しており、これが単純な日本への迎合でない点は注意される（赤羽目匡由「八世紀における渤海の高句麗継承国意識を巡って」『渤海王国の政治と社会』）。

渤海の地方制度と「北方東夷」統合意識

高句麗継承意識とは異なる、渤海の新たな統合原理となったのは、支配下諸族の先祖にあたる過去の主要な東北アジア北部諸族、つまり、粛《しゅく》慎《しん》・挹婁《ゆうろう》・濊貊《わいばく》・沃沮《よくそ》・高句麗・扶余などの伝統を継承し統合した存在として自らを位置づける意識である。ここでは、この東北アジア北部諸族を「北方東夷《ほっぽうとうい》」、その統合原理を「北方東夷」統合意識と呼ぶ。

この意識を端的に示すのが、渤海の地方制度である。『新唐書』渤海伝に、張建章《ちょうけんしょう》『渤海国記』に基づく九世紀初の地方制度が載っている。渤海には五京十五府六二州があったが、注目されるのはこれらが「某某の故地」に配分されている点である。これを表1にした。

故地名のうち「挹婁」は北部靺鞨の「虞婁《ぐろう》」の誤記であろう。虞婁が渤海に服属したことは、『旧唐書』靺鞨伝などで確認できるが、それが故地配分に見えないのは不可解である。また、唐代には挹婁と粛慎は同じものと認識されており、『渤海国記』の「挹婁の故地」も、『五代会要』渤海伝や張建章墓誌の用例から「粛慎の故地」と同意で使われたと推定されている（古畑徹「後期新羅・渤海の統合意識と境域観」『朝鮮史研究会論文集』三六、一九九八）。とすれば、「粛慎の故地」のあとに再度「挹婁の故地」があるのは変で、この「挹婁」は「虞婁」の誤記と推定されるのである。

また、「率賓《そつぴん》」は靺鞨の種族名のようだが、他史料には見当たらない。率賓府はロシア沿海地方ウスリースク地区一帯で、名前の由来は『千字文』の「率賓 王に帰す」であり、さらにそのもとは『詩経《しきょう》』小雅《しょうが》・北山之什《ほくさんのじゅう》の「率土之濱《そつどのひん》（浜）（地の果て）」である。ここから東は海浜沿いに陸路では移動できず、海路となる。それで「率土之濱」にふさわしいとして地域名に採用され、それがこの地の靺鞨の種族名としても扱われたと推測される。

さて、「某某の故地」という地理区分は、「扶余の故地」と「挹（虞）婁の故地」の間で前後に分かれる。「扶余」までは渤海領域内の諸種族の先祖にあたる「北方東夷」諸族、

表１　『新唐書』渤海伝にみえる故地と府州の関係

故地名	京・府名	州　名
粛慎故地	上京・竜泉府	竜州・湖州・渤州
	中京・顕徳府	盧州・顕州・鉄州・湯州・栄州・興州
濊貊故地	東京・竜原府	慶州・塩州・穆州・賀州
沃沮故地	南京・南海府	沃州・睛州・椒州
高麗故地	西京・鴨渌府	神州・桓州・豊州・正州
	長嶺府	瑕州・河州
扶余故地	扶余府	扶州・仙州
	鄚頡府	鄚州・高州
挹婁故地	定理府	定州・潘州
	安辺府	安州・瓊州
率賓故地	率賓府	華州・益州・建州
払捏故地	東平府	伊州・蒙州・沱州・黒州・比州
鉄利故地	鉄利府	広州・汾州・蒲州・海州・義州・帰州
越喜故地	懐遠府	達州・越州・懐州・紀州・富州・美州・福州・邪州・芝州
	安遠府	寧州・郿州・慕州・常州
独奏州		郢州・銅州・涑州

「挹（虞）婁」からは新規服属の北部靺鞨諸族の名が「故地」に冠せられる。「北方東夷」の種族名が付けられた「故地」は「扶余の故地」以外は渤海の中心地域で、初期領域である。重要なのは、故地の場所と、故地に冠せられた種族の実際の居住地とが必ずしも一致するわけではない点である。典型は「濊貊の故地」と「沃沮の故地」で、その位置関係は『三国志』東夷伝と逆である。この史実との乖離《かいり》から判断されるのは、故地配分は史実に基づくのではなく、理念的に割り振られたということである。

さらに注意すべきは、王都上京竜泉府《じょうきょうりゅうせんふ》とその前の都の中京顕徳府《ちゅうきょうけんとくふ》が「粛慎の故地」に配されている点である。唐の歴史認識では、粛慎は周代から中国に朝貢してきた最も古い「北方東夷」であり、直系子孫が靺鞨である。この認識は渤海でも同じとみられる。とすれば、その故地に王都を配することは、渤海が粛慎以来の伝統を継承することの表明だったといえる。そして、粛慎を核に主要諸種族を周囲に配する中心地域の故地配列は、渤海が「北方東夷」諸族を継承し、その伝統を引く諸種族を統合した国家たることの表象なのである。

九世紀初の渤海のこの統合意識からすれば、粛慎直系の靺鞨諸族が最も重要な統合対象となり、その分、高句麗継承の重要度が低下する。この統合意識の変化は、旧高句麗領の領域化が達成され、北部靺鞨諸族へと領域拡大の方向性が変化した時期に起こったとみられるが、それに決定的な意味を持ったのは、七五〇年代前半の上京竜泉府の建設であろう。『新唐書』地理志によれば、上京の西南三〇里（約一六・八キロ）には古の粛慎城があったという。つまり、上京の地は当時、本当に粛慎の中心部と思われていたのである。また、そこは牡丹江河谷の最上部で、北に広がる北部靺鞨の地への最高の進出拠点である。ここに、従来の本拠地たる図們《ともん》江水系からわざわざ山を越えて巨大都城を建設するのだから、渤海の拡大方針が北部靺鞨中心となったのは明らかであり、そのために粛慎との継承関係がクローズアップされたのである。

以上から、七五〇年代頃に渤海は、国家統合の原理を、高句麗継承意識から、粛慎継承意識を核とする「北方東夷」統合意識へと明確にシフトさせたと考えられるのである。

統一新羅・渤海による東北アジアの分割

ここまで述べてきたことを、まとめてみよう。

六七六年の統一新羅の成立は、流動的だった東北アジア南部を固定化した。内部では「三国一統」意識が醸成され、二五〇年に及ぶ支配のなかで新羅人と高句麗人・百済人が融合し、同族とみる意識が形成された。

一方、東北アジア北部には七世紀末に渤海が誕生した。当初、高句麗継承意識を前面に立ててその故地に勢力を伸ばしたが、八世紀半ばから拡大の方向を北部靺鞨諸族に切り替え、それに合わせて粛慎継承意識を核とする「北方東夷」統合意識へと統合原理をシフトさせた。

新羅と渤海が統合を目指した対象種族は、東北アジアの南北に分かれた。重なるのは高句麗だが、新羅が領土を平壌以南に限定したことと、渤海が勢力拡大の方向を南から北にシフトさせたことで、旧高句麗領をめぐる大きな抗争は起こらなかった。むしろ両国は緩衝地帯を作って衝突を避けようとした。平壌がどちらの領域にも入らなかったのはこのためである。

こうして東北アジアの古代東夷の多種族的世界が、新羅と渤海の併存によって南北に分割されることとなった。特に南部では、統一新羅のもとで生まれた同族意識が、その後の高麗・李朝へと引き継がれ、領域もすべて確保された。このようにみてくると、統一新羅によって、朝鮮という世界が古代東夷の多種族的で流動的な世界から析出されたといえる。ただし、領域内の海民や狩猟民は必ずしも同じ意識を持っておらず、近代の民族のように単一化したわけではない。ここで生み出されたのはあくまで近代の朝鮮民族形成の核となる種族である。

一方、北の部分も渤海によって一つのまとまった世界が形成されたが、渤海が滅びると、契丹による大量の徙民《しみん》もあり、再び流動化する。その意味では、渤海の時点で独自のまとまった満洲という世界が古代東夷の世界から析出されたとはいえない。

それでも、渤海以前と以降では、東北アジア北部のあり方が大きく異なる。渤海以降、ここに興起した国家は朝鮮世界に侵攻しても領域化はせず、むしろ中国世界や遊牧世界との一体化を目指すようになるからである。その結果、この地域は現在、中国東北部という中国の一員となっている。つまり、東北アジア北部のこうした志向性の変化点が、渤海とみられるのである。

では、なぜ東北アジア北部は中国世界の一員になる道を歩むようになるのであろうか。節を改めてこの問題を考えたい。

満洲世界の成立

支配形態と同族意識

渤海の統合原理である「北方東夷」統合意識が、新羅の「三国一統」意識と決定的に異なるのは、それが国内の種族間の同族意識を生みださなかった点にある。同族意識を生みださなかった理由は、北部靺鞨諸族の生業《せいぎょう》と彼らに対する渤海の支配形態にある。

新羅の場合、高句麗・百済・新羅三国の主な民は定住農耕民で、支配方法も一元的であった。これに対し渤海は、高句麗・南部靺鞨は農耕を、北部靺鞨諸族は狩猟を、それぞれの生業の中核に置いていた。北部靺鞨諸族の地域では、『類聚国史』《るいじゅうこくし》渤海沿革関係記事にあるように、中央から派遣される支配層の「土人」と一般民衆である靺鞨人とが分けられ、間接支配が行われていたと考えられる。こういう形態だと、「土人」と靺鞨人が同族意識を持って融合するのはむずかしい。したがって、建国以来の支配層である高句麗人と南部靺鞨人が融合することはあっても、被支配層である北部靺鞨人とそれらが融合することはなく、北部靺鞨人から強い反発があれば渤海は分裂しかねなかったともいえる。

しかし、そのような事態は渤海末期までほとんど発生しなかった。それは渤海の支配層が、被支配層である北部靺鞨諸族の支持を得ていたからにほかならない。そのカギとなるのが、首領制《しゅりょうせい》と名づけられた渤海独自の在地支配方式である。

渤海の首領制

首領制という語を初めて使ったのは、鈴木靖民《すずきやすたみ》である（「渤海の首領制に関する予備的考察」『古代対外関係史の研究』吉川弘文館、一九八五）。鈴木は、渤海は靺鞨諸族支配に当たり、その在地社会を解体することなく、その在地首長を「首領」と名づけて支配権を認めるとともに、彼らを官僚層や外交使節の随員という形で渤海国家のなかに包摂《ほうせつ》したとした。つまり、渤海は首領層を媒介として靺鞨の人々を間接支配し、彼らもその利益維持のために呼応したというのである。こうして生まれた間接支配体制を首領制と呼ぼうというのが、鈴木が提唱したことである。

この考え方を一歩進めたのが、李成市《リソンシ》である（「渤海史をめぐる民族と国家」『歴史学研究』六二六、一九九一）。李は、靺鞨諸族は従来から独自の対外交易を行っていたが、渤海はその包摂に当たり、独自交易を遮断する代わりに、在地首長である首領を渤海の対唐・

対日使節団に恒常的に参加させ、対外交易の便宜と安全を保障することで彼らを懐柔したとし、靺鞨に対する対外通交の管理こそが国家支配の要諦《ようてい》であったと論じた。

首領制は仮説ではあるが、渤海の北部靺鞨諸族支配の進展と渤海使の経済目的化の時期とが重なること、渤海使の使節団の過半数を首領が占め、日本からの回賜《かいし》総量の半分以上が彼らにわたること、狩猟・漁撈《ぎょろう》民はその生産物の農耕民との交換の必要性から一般に交易民でもあること、李が靺鞨の前身の一つの濊を事例に彼らが遠隔地交易民である点を実証したこと（「濊族の生業と民族」『古代東アジアの民族と国家』岩波書店、一九九八）などを踏まえると、非常に説得力がある。この仮説に従うなら、渤海は交易保証ができている間は、北部靺鞨諸族を安定的に支配できたことになる。

「其下百姓皆曰首領」の解釈

ただし、この仮説には一つ大きな問題点がある。その根本史料である『類聚国史』渤海沿革関係記事の「其下百姓皆曰首領」の解釈が未確定な点である。先にこの史料を提示した際、ここだけ傍線を引いて訓読しなかったのは、こうした事情による。

これを素直に訓読すると「其の下の百姓、皆首領と曰《い》う」となり、訳は「その（＝都《と》督《とく》・刺史《しし》といった村長の）下の百姓（＝一般人民）をすべて首領といった」となるが、これでは本来の首領の語義と合わない。そこで、「それより下（の役人）を一般人民皆が首領と呼んだ」とか、「百姓」を中国古典にある百官《ひやっかん》の意味で取って「その下の役人をすべて首領といった」などの解釈もあるが、どれもいま一つ決め手に欠ける。

私は、これを素直に「首領＝百姓（一般庶民）」と述べていると解釈する。しかし、それをそのまま史実とは思わない。なぜなら、この文章は『日本後紀《にほんこうき》』編者が渤海初見記事に加えた渤海についての説明で、編者のバイアスがかかっているはずだからである。その編者が藤原緒嗣《ふじわらのおつぐ》である。

藤原緒嗣は、八二四年の渤海使来航の際、渤海使を「実に是れ商旅《しょうりょ》にして、隣客とするに足らず」とし、その入京に反対した人物である。その上奏文には渤海使を商旅とする理由はないが、この頃、禁令を無視して舶来品入手のために渤海使の安置場所に人を派遣する貴族がいたり、多人数の渤海使の接待に地方が疲弊したりということがあった。緒嗣はこれをゆゆしきものと判断し、この前年に十二年一来の年期制を提案し、決定・通達されていた。にもかかわらず、約束を破って渤海使が来日したことに憤慨し、「渤海使＝商旅」と主張して彼らへの対応に再考を促したと思われる。

緒嗣の真意をこのように理解してよいなら、「首領＝百姓」という記述は彼の主張の根拠たりうる。貴族が派遣した人物と商取引をしたのはおそらく首領であり、また使節団が大人数なのも首領が半分以上を占めたからである。したがって、緒嗣が渤海使を商旅とみなす核心は首領なのである。

実は、日本の朝廷は首領を実態以上に高く格付けしていた。渤海使の人員構成の記録を遣唐使《けんとうし》と比較すると、遣唐使に存在する知乗船事（船団長）、造船都匠（船大工棟梁）から挟杪《きょうびょう》（操舵手）、射手までの下級役人層が渤海使には存在せず、首領の名で一括されている。一方、『延喜式《えんぎしき》』の回賜規程や『内裏式《だいりしき》』の七日会《なのかえ》式の儀式次第を見ると、日本の朝廷は、六位相当の品官《ほんかん》と同じ範疇に首領を位置づけ、多くの回賜を与えていた。つまり、渤海使のなかの首領は、実態は多様な階層なのに、朝廷はその最上位者の格づけで一括して扱っていたのである（古畑徹「渤海の首領研究の方法をめぐって」『日本と渤海の古代史』山川出版社、二〇〇三）。実態を知れば、是正を求めてもおかしくはない。

渤海使のなかの首領の最下層者、たとえば挟杪や射手は一般人民＝百姓と考えられる。渤海使に対する姿勢の再考を促す上奏が採用されなかった藤原緒嗣は、首領のこの部分に着目し、『日本後紀』編纂時に、渤海沿革記事に「首領＝百姓」という理解を書き込んだと私は推測する。そして、彼が持っていた渤海の内情についての情報のなかからこの理解に適合するものを選び、渤海の在地社会を描いたのである。

したがって、渤海沿革記事に描かれた在地社会は渤海のある特定地域、人員構成から見て北部靺鞨地域のものと理解すべきで、そこから日本に来た首領の実態は一般人民で、実際の首長ではないと推定される。ただし、分を超えた回賜品を彼らが独占するとは考えにくく、渤海の朝廷が一括して回収して再配分したか、彼らが属する部族の長に奉呈したと思われる。こう考えれば、この一節の解釈は首領制の理解とも齟齬《そご》しない。

契丹における渤海的秩序の継承と変化

本題の、なぜ東北アジア北部が、渤海以降、中国世界の一員になる道を歩み出すようになるのか、に移ろう。これについて、高井康典行《たかいやすゆき》は次のような論を展開している。

渤海を滅ぼした契丹（高井は「遼」とするが、本書の書き方に従って改めた）は、その首領制を引き継いで東北アジア北部諸集団に安定的な交易を保証し、統治下に収めようとした。日本に東丹《とうたん》国使を派遣したのもこの意図によるが、日本には拒絶された。一方、中国の後唐や南唐などとは交易目的で交渉を持ち、そのなかに女真《じょしん》などの東北アジア北部諸集団に属する者を組み込んだ。契丹は彼らに中国方面の交易を保証することには成功したのである。九五〇年代まで、女真などが契丹に頻繁に入貢して従属の姿勢を示した理由はここにある。また、契丹はこの時期に高麗と対峙したが、女真なども同調して高麗とほとんど交渉がなかった。つまり、契丹は渤海滅亡から九五〇年代まで、東北アジア北部の渤海的秩序を継承していたのである。

しかし後周《こうしゅう》が、九五八年に淮南《わいなん》を占領し、翌年に契丹との交渉を断つと、女真などは直接、後周を継いだ北宋《ほくそう》に朝貢し、高麗とも交渉を持ち、なかには契丹に敵対する集団も出てきた。要するに、契丹を介しての対中国交易が保証されなくなったため、東北アジア北部諸集団は契丹から離れたのである。さらに、渤海の復活をスローガンに定安国《ていあんこく》が鴨緑江流域に登場し、東北アジア北部諸集団の対中国交易を保証した。これに対し契丹は、直接攻撃と中国への交易路の封鎖で対抗し、九九一年に鴨緑江河口に築城し、交通路封鎖に成功する。それでも鴨緑江と高麗の間に間道《かんどう》が存在したが、九九三年、契丹は高麗に宋との断交、契丹への朝貢を認めさせ、代わりに鴨緑江岸までの高麗の領有を認めた。これにより黄海沿岸はすべて契丹の勢力圏となり、以後、女真は直接宋に朝貢できなくなる。

この状況に対し、契丹が仲介になって女真などの宋への通交を保証すれば、渤海的秩序は復活したが、契丹はその道を選ばない。一〇〇四年の澶淵《せんえん》の盟《めい》により北宋との関係が安定した契丹には、中国物資が大量に流入した。契丹はこれを女真などに再配分して東北アジア北部諸集団の欲求を満たせるようになり、渤海的秩序において中国との仲介者であった自らの役割を転換し、契丹自らが中国の役割を担うという新秩序を構築する。

このことは東北アジア史にとって大きな意味を持った。なぜなら、東北アジア北部諸集団が契丹の支配を排除しようとすれば、契丹に取って代わる、いいかえると自らを中国として位置づけるという選択肢が出現する可能性が高くなるからである。一一世紀末～一二世紀初の女真の急速な成長と、その後の金の華北支配は、このような契丹の支配秩序の変化の延長線上に出現した。金の成立は、東北アジア北部と中国の結びつきを従来以上に強めることとなり、現代の中国東北部の形成につながっていく（「十世紀の東北アジアの地域秩序」「世界史のなかで遼代史をいかに位置づけるか」『渤海と藩鎮』）。

以上が高井の論の概略である。契丹は遼という国号を持ち、実際に燕雲《えんうん》十六州《じゅうろくしゅう》という中国本土の一部を獲得し、自らを中華帝国としても位置づけた。そのことを考えると、確かに説得力のある答えである。

女真による渤海の継承と満洲世界の成立

ただ、東北アジア北部は、中国を志向するのと同時に、一つのまとまった満洲世界としてのアイデンティティも持つようになる。中国世界に入っていこうとする志向性と満洲世界という独自アイデンティティの形成が同時進行する理由は、遊牧世界に属する契丹という外部勢力による東北アジア北部支配のあり方だけでは説明しきれない。以下、多分に試論になるが、この問題を考えてみたい。

契丹は、渤海滅亡後にその地につくった東丹国を遼東に遷し、民も移住させた。移住させられたのは、主に渤海中心部の高句麗・南部靺鞨系の人々で、彼らの移動後には空地ができる。そこに移動したのが北部靺鞨系の人々で、彼らとこの地に残された人々が一括されて女真と呼ばれたとみられる。ちなみに先述したが、北部靺鞨本来の地にいた人々は黒《こく》水《すい》・鉄驪《てつり》などと呼ばれ、女真と区別された。

この状況は、農耕系の高句麗・南部靺鞨、狩猟系の北部靺鞨に分かれていた渤海のそれとは異なる。女真は農耕地域に移動した関係もあって狩猟・農耕民に変質したようだが、北部靺鞨系に変わりはなく、東北アジア北部は北部靺鞨系の住地となったのである。これらをまとめて女真を再編成し、遼東の渤海人をも味方につけて金へと発展させたのが完顔《わんやん》部である。

完顔部は国家形成にあたり、渤海同様に二つの統合原理を使い分けた。一つは、粛慎—靺鞨（勿吉《もつきつ》）の伝統、もう一つは高句麗の伝統である。前者は実際の系譜としての要素を持つため、北部靺鞨本来の地にいた諸族をまとめるのに有効だった。後者は、完顔部の始祖が高句麗出身の三兄弟の一人だとする説話で、遼東半島にいた熟女真《じゅくじょしん》の曷蘇館《かつそかん》女真をその兄弟のもう一人の子孫とすることで、彼らの吸収に利用された。

注目すべきは、遼東の渤海人を取り込むにあたり、「女真・渤海、本《もと》より同じ一家」と太祖完顔阿骨打《あくだ》が語ったというエピソードで、その理由を『金史《きんし》』は、「蓋《けだ》し、其の初め皆、勿吉の七部なり」とする。『金史』高麗伝でも、渤海を靺鞨七部の粟末《ぞくまつ》靺鞨としており、金は渤海を、高句麗の伝統の系譜ではなく、粛慎—靺鞨の伝統の系譜に位置づけたのである。金の東北アジア北部諸族に対する統合原理としては、粛慎—靺鞨の歴史的系譜意識が主であり、高句麗継承意識は一部にだけ使われたといえる。

高句麗継承意識が弱いということは、朝鮮半島に侵攻しても領土化する志向性が弱いということである。それは二つのことを意味する。一つは、東北アジア北部が朝鮮半島と明確に切り離され、粛慎—靺鞨—渤海の伝統を引き継ぐ女真の世界＝満洲世界として自立したということである。ここに渤海に始まった東北アジアの分割が完成する。もう一つは、拡大の方向性が西しかないということであり、その結果、金は北中国を領有する。その背後には高井が述べるような契丹時代における志向性の変化があるのであろう。

こうして満洲世界は、この地域の中国との一体化と同時に誕生した。女真族の世界としての満洲世界は、金滅亡後も維持され、清の登場へとつながっていく。

北朝鮮・韓国の「南北国時代」論

渤海・新羅によって東北アジアが南北に分割され、別々の道を歩むようになったとする私の理解は、北朝鮮・韓国の理解と大きく異なる。本章の最後に、それについて触れたい。

渤海と新羅を朝鮮史の「南北国」とみなし、高麗をその統一王朝とする歴史理解は、柳《ユ》得恭《ドゥッコン》の『渤海考』（一七九四）に遡《さかのぼ》る。背景には、一七一二年に清朝との間で取り決めた豆満江《トゥマンガン》（図們江）・鴨緑江ラインを国境とする「定界碑《ていかいひ》」への反発がある。当時の人々の認識では、朝鮮世界の境界はもっと北の分界江《ぶんかいこう》という架空の川に設定されていたからで、渤海を朝鮮の一王朝とすることはその地までの領有権の主張につながる。

ただ、柳得恭の「南北国」という主張はその後大勢とはならず、韓国併合前後の民族主義史学の隆盛のなかで渤海が注目を集めた際にもあまり語られなかった。これを拾い出したのが、北朝鮮である。

北朝鮮は社会主義を標榜したため、最初はスターリンの民族理論に則って統一新羅をナロードノスチ（近代的な民族の原型となった準民族）として高く評価したが、主体《チユチエ》思想が表に出てくるようになると、この理解に変化が現れる。この変化を決定づけたのが、一九六二年の朴時亨《パクシヒヨン》（一九一〇～二〇〇一）の「渤海史研究のために」（『歴史科学』一九六二―一）と、同年末の『朝鮮通史（増補改訂版）』の出版である。ここで初めて、三国鼎立《ていりつ》後に新羅・渤海による南北両立時代があり、それが高麗によって統一されるという歴史像が提示される。この前提には、朝鮮民族は有史以来、すでに単一性・同一性を有していたという単一民族論的理解があり、スターリンの民族理論は放棄された。

韓国に同様の歴史理解が登場するのは、一九七五年の李佑成《イウソン》の「南北国時代と崔致《チエチ》遠《ウオン》」（『創作と批判』三八）からである。北朝鮮とほぼ同じ歴史理解ではあるが、この時代を「南北国時代」と命名した点が異なり、柳得恭からの継承も強調されている。李は朴《パク》正熙《チョンヒ》軍事政権に批判的な学者として知られ、この論文にも仮託した思いがあった。それだけに北と同一視されることを恐れ、時代を命名し、その由来を強調したのであろう。

李の事情はともかく、「南北国時代」は用語としてインパクトがあり、その後の渤海を朝鮮史のなかに位置づける議論のなかで定着し、一九九〇年代後半の中学・高校の歴史教科書からはこの枠組みで統一新羅・渤海の歴史が描かれるようになった。そこでは、東北アジア全域の種族が原朝鮮民族として設定され、それが三国となり、南北国となって、高麗により統一されるという構図が示される。いまや「南北国時代」という歴史理解は、韓国・北朝鮮でともに教科書に載り、公的歴史として制度化されている。

「南北国時代」論に、南北に分断された韓国・北朝鮮の現実と、それを克服して統一国家を実現したいとする朝鮮民族の悲願が反映していることは容易に想像できる。同一民族でありながら南北に分かれていた新羅と渤海が高麗によって統一されるという図式は、朝鮮民族が過去において同様の困難を克服したことを証明し、人々に統一への希望と自信を与えられる。

込められた「思い」を感じると、「南北国時代」論は否定的に語りにくい。しかし一方で、渤海の大半が中国東北部にあり、現実の朝鮮世界の境界を越えるため、この理解は必然的に領土問題を惹起《じゃっき》する。実は二〇〇〇年代に表面化した「高句麗歴史論争」より先に、この点が中韓・中朝の学者間で問題化し、先鋭化していたのである。まして朝鮮世界と異なる歩みをしていた中国東北部＝満洲世界の立場からすれば、分割後の長い歴史を無視して朝鮮世界が攻撃してきたという印象はまぬがれない。歴史を一方の当事者の「思い」だけで語ることには、やはり問題があろう。これをどう克服するかは、エピローグで述べてみたい。

海洋国家としての渤海国

環日本海世界のなかの渤海国

本章では、海洋国家としての渤海の側面を、渤海人が活動した二つの海域世界――環日本海世界と環黄海《かんこうかい》・東シナ海世界――の歴史のなかで渤海がどのように位置づくかを考えながら、描いてみたい。先によく知られた環日本海世界から見ていくが、まずは論述の前提としてその地理的条件を、航海と関連づけながら確認する。

日本海の地理的条件

日本海は、狭い四つの海峡で外海と隔てられた内海である。日本海はよく荒海がイメージされるが、それは冬の強い季節風の時だけで、それ以外は穏やかだ。ここに対馬《つしま》海峡から黒潮の分流である対馬暖流が流れ込み、日本列島に沿って北上し、大半は津軽海峡から太平洋へ、一部はさらに北上して宗谷《そうや》海峡からオホーツク海に出る。また、対馬暖流の北上は通常一つのまっすぐな流れとして描かれるが、実際の流路は複雑で、対馬海峡を抜けたところで広がって鬱陵島《ウルルンド》に至る分岐があったり、非定常に蛇行したり、ときには渦流域ができるなど、変動も多く正確には模式図化できない（川合英夫編著『流れと生物と』京都大学出版会、一九九一）。平均流速は〇・三〜〇・四ノットと遅く、対馬海峡から津軽海峡まで二ヵ月はかかるとされる。ちなみに黒潮の流速は二〜五ノットである。一方、間宮《まみや》海峡からはリマン寒流が大陸沿いに南下して対馬海峡にまで達するとされるが、対馬暖流以上に遅く、夏には消えてしまうこともある。対馬・リマン両海流とも、一定の航海術があれば船による横断はむずかしくない。

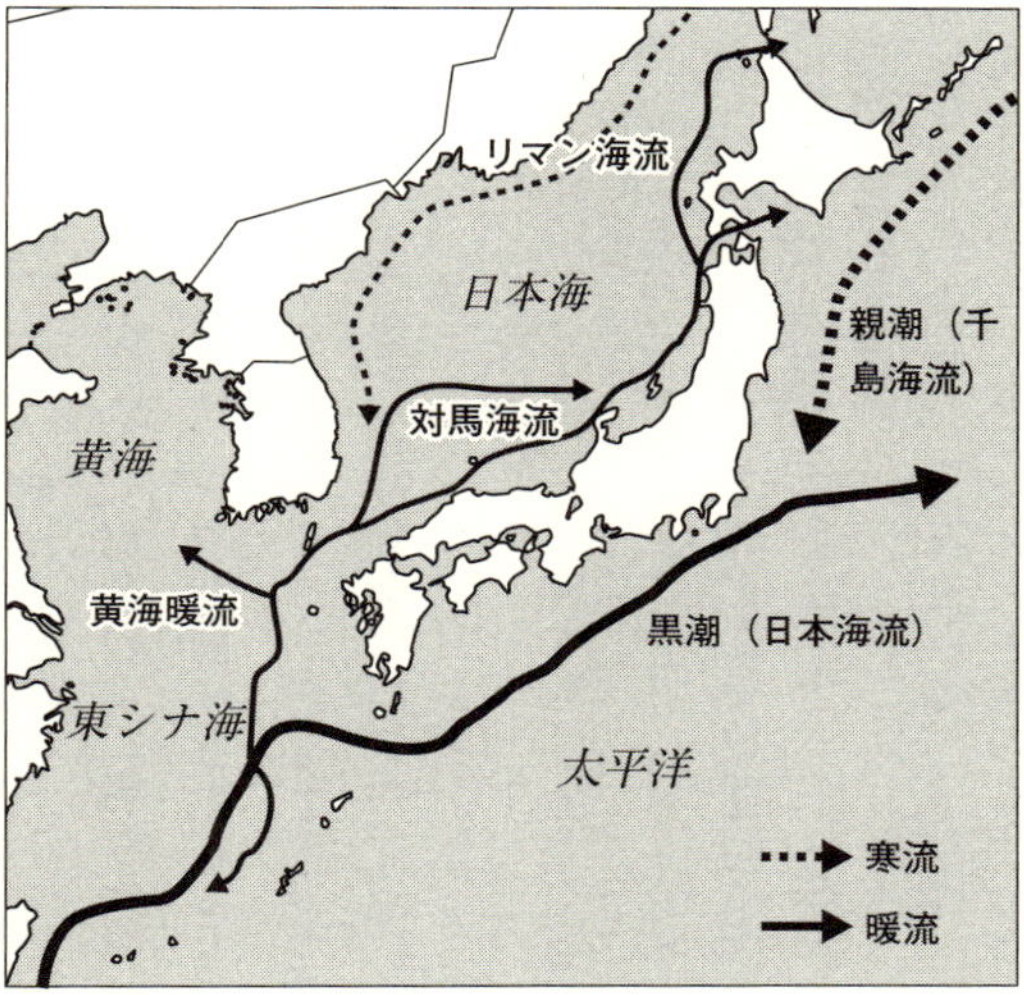

図14　日本近海海流図

風は、冬に強い北西季節風が、春から夏にかけては南もしくは南西の弱い季節風が吹く。また、夏から秋には日本列島沿いに吹く「あいの風」と呼ばれる北東風が特徴的である。航海を年間スケールで考えると、大陸と列島の南北横断にも、列島沿いの東西の往復にも、都合のよい風が吹いている。

沿岸の地形では、日本列島にも大陸にも、現在は多くが土砂で埋まっているが、一〇世紀以前は多くの潟湖《せきこ》（ラグーン）が存在した。潟湖とは砂州《さす》で海と仕切られた入江のことで、砂州が防波堤の役割を果たすので港に好適で、実際に港として使用され、地域の拠点として栄えたことは、大半の潟湖で付近に遺跡・古墳が存在することから明らかである。このようにみてくると、日本海は海上交通を発展させるのに好都合な地理的条件を備えていたといえる。

『三国志』東夷伝に見える海民

このような地理的条件を受けて、環日本海地域では古代より海民たちが活躍した。日本列島の海民については、すでに多くの研究があり、古代日本海文化を海人文化として捉える理解も定着しているので、ここでは省略し、もっぱら大陸側の古代の海民をみていく。

前章で述べたように、古代東北アジア諸族の詳しい情報を知ることができる最も古い史料は、『三国志』東夷伝《とういでん》である。これによれば、日本海側の種族として、挹婁《ゆうろう》・沃沮《よくそ》・濊《わい》（貊《ばく》）・辰韓《しんかん》が挙げられている。そのなかで船を操るとされるのは挹婁と沃沮、魚・塩・海中食物を担って交易活動をしていたとされるのが濊である。

挹婁は、船に乗って寇略《こうりゃく》をしたので、周囲の患いだったという。北沃沮はその防御のため夏場山中に住んだが、冬は凍結して船道が通じないので、安心して山から下りて村に住んだ。凍結したのはロシア沿海地方から北朝鮮北部の海や湾とみられ、挹婁はそのために海寇《かいこう》できなかったのである。

沃沮の条には、その地の老人に東海上に人はいないかと尋ねた際の答えとして、漁に出た船が風に流されて東の島に着いたが、島の人とは言葉が通じず、そこでは七月に童女《どうじょ》を海に沈める風習があったという話、女人島《にょにん》の話、難破船の二面人の話などの奇談が載っている。こうした逸話の背後には活発な海上活動が想定され、また、日本海上の島々、あるいは対岸の日本列島との交流の可能性も窺える。

濊については、先述の交易品のほかに「班魚皮《はんぎょ》」を特産にしていたという記述があり、また後漢・許慎《きょしん》の『説文《せつもん》』に鮸《べん》（ニベ）・魵《ふん》（エビ類）・鰅《ぎょう》（ハタ類？）などの珍魚の産地として登場するように、濊は古くから中国にも知られた海産物を近隣に供給する漁撈《ぎょろう》・交易の民であった。彼らは沃沮とともに、その地で取れたものを持って高句麗《こうくり》経由で中国に行って商売をする商賈《しょうこ》集団を形成し、それが広開土王碑（四一四年建立）に出てくる「東海賈」と考えられている（武田幸男『高句麗史と東アジア』岩波書店、一九八九）。

挹婁は北部靺鞨《まつかつ》諸族の前身、沃沮や濊は白山靺鞨の前身とみられる。渤海には、海民の伝統を継承する人々が、少なからず参加していたのである。

高句麗使と「錫の道」

高句麗が興隆して日本海側まで支配下に置くようになると、『三国志』に登場した海民のうち、沃沮と濊の北部がこれに従属した。高句麗は、新羅《しんら》の勢力拡大に押されていた五七〇年、初めて日本に使者を送り、使者は越《こし》の地に着いた。最初に接触したのは加賀郡の豪族道君《みちのきみ》なので、来着地は金沢近辺と推定される。新羅との対立関係と来着地から見て、彼らは朝鮮半島東岸を南下したのではなく、日本海の中央もしくはやや北側を横断したと考えられ、それが実現できたのは、沃沮や濊などが持っていた日本海での活動のノウハウを高句麗が取り込んだからとみられる。

その後も、五七三年・五七四年、および滅亡直前の六六八年に高句麗使が越に来着しているが、これら以外にも来着地の明記がない高句麗使のいくつかはこの航路の可能性がある。国家によって一定の継続性を持って航路が利用されたことで、高句麗には日本海横断のための知識が蓄積されたであろうが、渤海が日本に使者を派遣するのは約六〇年後なので、そこまでそれが残されていた可能性は低い。

一方、高句麗の支配下に入らなかった挹婁の後身である北部靺鞨の地域でも、七世紀に入ると、北海道との交流がみられるようになる。それが、小嶋芳孝《こじまよしたか》が「錫《すず》の道」と名づけた交流である（「蝦夷とユーラシア大陸の交流」『古代蝦夷の世界と交流』名著出版、一九九六）。

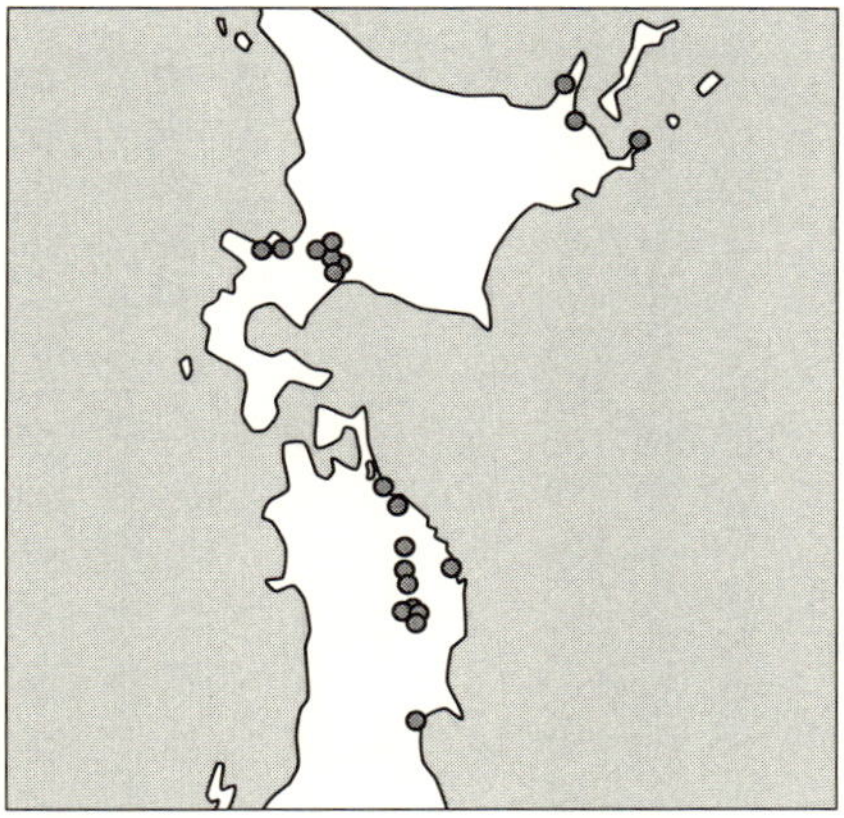

図15　7世紀以降の環状錫製品出土分布図（小嶋芳孝「蝦夷とユーラシア大陸の交流」『古代蝦夷の世界と交流』名著出版, 1996, 420-421頁の図7を一部抜粋して作成）

七世紀、日本列島内の錫製品は関東以南で出土しなくなる一方、それまで出土のなかった北海道積丹《しゃこたん》半島から石狩《いしかり》平野・勇払《ゆうふつ》平野、そして海を越えて八戸《はちのへ》付近から北上川流域にかけての帯状地域で、集中的に出土するようになる（図15）。この付近に錫産地はないが、対岸のロシア沿海地方にルドナヤプリスタニという有名な錫鉱石の産地があり、古代から東北アジア一帯に錫を供給していた可能性が指摘されている。シホテ・アリニ山脈の東側で、日本海に面し、積丹半島と向かい合っているから、ここから海路運ばれたとみられるのである。錫は北海道から東北の蝦夷《えみし》が使用しただけでなく、倭《わ》との交易品としても使われたらしい。

ところが、八世紀以降の北海道の遺跡からはほとんど錫製品が出土しなくなる。これは渤海がロシア沿海地方の海岸部を支配して交易を管理したからとみるのが最も妥当に思えるが、そうだとすると、渤海は八世紀早々にここへ進出したことになる。その場合、錫のような戦略物資の確保と、北回りで日本へ行く航路の確保が目的と推定される。

渤海の対日通交開始

先述したように、敦化《とんか》に建国した渤海が当初に領域を拡大したのは南と東で、東では日本海に至ると、海岸沿いに南下し、七二〇年代初めには新羅と接した。海民的性格を有する白山靺鞨はこの間に取り込まれ、そのノウハウを渤海が手にしたことで、海岸部を北上して勢力下に収めることも、七二七年に最初の渤海使を日本に派遣することもできたと考えられる。

このときの航路については、東京竜原府《とうけいりゅうげんふ》の外港・塩州《えんしゅう》が面するポシェト湾から船を出し、直接日本海を横断して出羽《でわ》に着いたという横断航路説と、まずは北上し、日本海が狭まったところで横断して北海道へ渡り、そこから南下して出羽に着いたとみる北回り航路説の二つがある。私は北回りを採っている。理由は次のとおりである。

第一次渤海使の出羽到着の報が、平城京に届いたのは神亀《じんき》四年九月二一日で、グレゴリオ暦七二七年一〇月一四日である。出羽から平城京に報告が届くのに、二〇日以上が想定されるので、実際の到着は現行暦九月になり、その前に蝦夷の地に着いて略奪を受けているから、日本列島到着は現行暦八月以前の可能性もある。日本海の卓越風《たくえつふう》は、出羽沖で八月は南西風、九月は北東風（あいの風）、大陸で八・九月とも南風で、およそ横断航海には適さない（卓越風は、茂在寅雄《もざいとらお》ら『遣唐使研究と史料』東海大学出版会、一九八七、所載の季節風図による)。使節人数が二四名と船は小型だから、長距離横断には適さず、可能な限り最短の場所で横断したはずである。高句麗が蓄積した横断航海のノウハウもすでに失われていた可能性は高く、当時ノウハウがあったのは、シホテ・アリニ山脈東岸から北海道積丹半島への短距離の横断航路だけとみられる。とすれば、これによって北海道に至り、そこから南下すれば、風向きともする合致し、日本に服属しない蝦夷に襲われたことも説明がつくのである。

なお、朝鮮半島沿いに南下したが、日本近海で対馬暖流に流されたという説もあるが、当初の渤海使の目的が対新羅を睨んだ軍事同盟であり、かつ対馬暖流の弱さからみれば到底考えられない。一九六〇年に行われた東シナ海での海流ビン漂流実験でも、日本海側に漂着したビンは、新潟以西一七三本に対し秋田以北九本で、漂流してもめったに出羽には着かないのである。

渤海使の航路

渤海と日本の通交回数は、研究者によって異なるが、私見では、渤海使は七二七～九一九年の一九三年間に三四回、遣渤海使は七二八～八一一年の八四年間に一三回である。遣渤海使が八一一年までしかないのは、九世紀に入って日本側の対外方針が消極的になったことに加え、東シナ海に新たな状況が生まれたことが関係するが、これは次節に回し、ここでは渤海使に絞って話を進めたい。そのため渤海使一覧を掲載した（表2）。表2には、私が想定している来日航路も書き込んである。

表2を見ると、第一三次と第一四次の間で線が引け、前半（八世紀）と後半（九世紀）とでさまざまな違いがあることがわかる。まず来着地は、前半は第五次以外すべて越前以東で、出羽が最も多く、後半はすべて能登《のと》以西で、山陰が加わる。来日時期は、後半はすべて現行暦一一月〜三月の北西季節風が吹く時期に当たる。前半は少し複雑だが、遣渤海使船等日本船の帰路に便乗した場合は現行暦一〇月後半〜一一月に来日しており、これは北西季節風の吹き出し期にあたる。渤海側単独行の場合は、日本側の要望を受けて対馬をめざそうとした第九次以外は、出羽を中心に能登以東に着き、現行暦七月〜一二月に着く。実際の到着は、都に到着の報が届くより二〇日以上前を想定しなくてはならないから、第一三次以外は北東風がよく吹く夏から秋に該当する。現行暦一二月に出羽到着の報が都に着いた第一三次は、出羽到着前に蝦夷の略奪を受けているので、実際に日本列島に着いたのは一〇月以前とみられ、これも北東風の時期に来ている可能性がある。こう考えてくると、前半に渤海が単独行で来日する場合は、北回り航路が採られ、夏〜秋に北海道に着き、北東風を使って南下したと思われるのである。

人数は、後半が第二一次以降、一〇一〜一〇五名で定着し、大型船で来たと想定されるのに対し、前半は特殊な第九次以外は一隻当たりが少人数なので小型・中型船で来たと想

表2　渤海使一覧

No.	到着年月日（グレゴリオ暦）	大使	人数（隻数）	着岸地（安置地）	備考	推定来日航路
1	神亀4.9.21（727.10.14）	高仁義	24	出羽国	蝦夷の境に着し，大使ら16人が殺される。第1回遣渤海使に送られる	北
2	天平11.7.13（739.8.25）	胥要徳	（2）	出羽国	第2回遣渤海使に送られる	北
☆	天平18（746）		1,100余	出羽国	渤海人と鉄利人が「幕化来朝」。衣粮を給して放還	北
3	天平勝宝4.9.24（752.11.9）	慕施蒙	75	越後国佐渡嶋		北
4	天平宝字2.9.18（758.10.28）	楊承慶	23	越前国	第3回遣渤海使の帰路に同行。帰国時に藤原清河を迎えるための遣唐使を帯同	横
5	天平宝字3.10.18（759.11.17）	高南申		対馬	迎藤原清河使判官内蔵全成の帰路に同行。第4回遣渤海使に送られる	朝
6	天平宝字6.10.1（762.10.26）	王新福	23	越前国加賀郡佐利翼津	第5回遣渤海使の帰路に同行。安史の乱の続報を伝える。第6回遣渤海使に送られる	横
7	宝亀2.6.27（771.8.16）	壱万福	325（17）	出羽国賊地野代湊（常陸国）	第7回遣渤海使に送られるも遭難し，能登漂着。福良津安置後，再渡航	北
8	宝亀4.6.12（773.7.10）	烏須弗	（1）	能登国	壱万福の安否確認目的	北
9	宝亀7.12.22（777.2.8）	史都蒙	187もしくは166	越前国（加賀郡）	日本の指示に従い南京南海府吐号浦より対馬を目指すが，遭難。141もしくは120名溺死。第8回遣渤海使に送られる	朝
10	宝亀9.9.21（778.10.19）	張仙寿	（2）	越前国坂井郡三国湊	第8回遣渤海使の送使。第9回遣渤海使に送られる	横
11	宝亀10.9.14（779.10.31）	高洋弼	359	出羽国	鉄利人を同行。乗船破損し，船9隻を賜って帰国	北

（表2つづき）

12	延暦5.9.18 (786.10.18)	李元泰	65（1）	出羽国（越後国）	蝦夷の略奪を受け，生存者41人。船1隻と水手を給付されて帰国	北
13	延暦14.11.3 (795.12.22)	呂定琳	68	出羽国（越後国）	夷地志理波村に漂着し略奪を受け，生存者僅少。第10回遣渤海使に送られる	北
14	延暦17 (798)	大昌泰		隠岐国智夫郡	第11回遣渤海使の帰路に同行。第12回遣渤海使に送られる	横
15	大同4.10.1 (809.11.15)	高南容			首領高多仏，帰国せずに越前に滞留。越中に移され史生に「渤海語」を教授	横？
16	弘仁1.9.29 (810.11.3)	高南容			第13回遣渤海使に送られる	横？
17	弘仁5.9.30 (814.11.9)	王孝廉		出雲国	帰路遭難し越前国漂着。王孝廉，越前国にて客死。越前国より大船で再渡航	横
18	弘仁9（818）？	慕感徳				？
19	弘仁10.11.20 (819.12.14)	李承英				横？
20	弘仁12.11.13 (821.12.14)	王文矩				横？
21	弘仁14.11.22 (823.12.31)	高貞泰	101	加賀国	藤原緒嗣が「一紀一貢」を上表。これに基づき来日年期を12年に1度に改定	横
22	天長2.12.3 (826.1.18)	高承祖	103	隠岐国	在唐留学僧霊仙の表物をもたらす。藤原緒嗣，渤海使を通商目的と指摘する。帰国時に，日本が霊仙への黄金百両の転送を依頼	横
23	天長4.12.29 (828.1.23)	王文矩	100（1）	但馬国	日本，渤海使との私交易を禁止	横
24	承和8.12.22 (842.2.9)	賀福延	105	長門国		朝
25	嘉祥1.12.30 (849.1.31)	王文矩	100	能登国		横

（表２つづき）

26	天安3.1.22 (859.3.4)	烏孝慎	104	能登国 珠洲郡 (加賀国)		横
27	貞観3.1.20 (861.3.9)	李居正	105	隠岐国 (出雲国)		横
28	貞観13.12.11 (872.1.28)	楊成規	105	加賀国		横
29	貞観18.12.26 (877.1.18)	楊中遠	105	出雲国 (嶋根郡)		横
30	元慶6.11.14 (882.12.31)	裴　頲	105	加賀国	裴頲，菅原道真・嶋田忠臣らと詩文交歓	横
31	寛平4.1.8 (892.2.13)	王亀謀	105	出雲国		横
32	寛平6.12.29 (895.2.2)	裴　頲	105	伯耆国	裴頲，菅原道真・紀長谷雄らと詩文交歓	横
33	延喜8.1.8 (908.2.17)	裴　璆		伯耆国	裴璆，大江朝綱・菅原淳茂らと詩文交歓	横
34	延喜19.11.18 (919.12.18)	裴　璆	105	若狭国丹生浦 (越前国松原駅館)	渤海使の内4名，帰国せずに日本滞留	横
☆	延長7.12.24 (930.1.31)	裴　璆	93	丹後国竹野郡大津浜	東丹国使。これにより日本は渤海の滅亡を知る	横

この表は古畑「渤海と日本」（武田幸男編『古代を考える　日本と朝鮮』吉川弘文館，2005年）の渤海使一覧を修正・増補して作成した。

No. 欄の☆は正式の渤海使ではないもの。

到着年月日欄は史料の到着年月日に依り，これは京に到着の報告が入った日を示す。ただし，No.23・29・30は着岸年月日が明確なのでこれに依った。また，当時の日本の暦とグレゴリオ暦では年頭の日が異なるので，日本暦の11月末～12月の多くはグレゴリオ暦では年が改まっている。

推定来日航路欄の略号は，北＝北回り航路，横＝日本海横断直行航路，朝＝朝鮮半島東岸沿航路。

定され、なかには第七次のように一隻に一九〜二〇人しか乗っていない例もある。また、第七次が一七隻と特別多いが、それ以外でも前半は複数の船で来日している場合がある。遣唐使がそうであるように、遠距離の渡海《とかい》航海で複数の船が同じ場所に到着するのはむずかしい。これらのデータは、前半は諸所で停泊して風待ちしながら進む北回りがメインであったという推定を補強する。一方、後半は明らかに季節風を利用して大型船で日本海を横断し、北陸もしくは山陰に直行したのである。

では、なぜ八世紀末から九世紀初に渤海使にこのような変化が生じたのであろうか。

北回りから横断航路へ

まず、出羽への北回り航路が使われなくなった理由からみてみよう。北回りを使った最後の二回、つまり第一二次・第一三次の渤海使は、立て続けに蝦夷《えみし》に襲われ、多くの犠牲者を出した。この事件の原因は、蝦夷と日本の関係にある。七五九年頃から日本は蝦夷政策を積極策に転じ、これに抵抗する蝦夷は七七四年に陸奥桃生《むつものう》城を攻撃し、ここに三八年戦争と呼ばれる蝦夷と日本の戦争状態が始まる。特に七八〇年の伊治呰麻呂《これはりのあざまろ》の乱以降、陸奥を中心に本格的な衝突に突入した。渤海使が襲撃されたのは、この本格的な衝突期に蝦夷の住地を経由して日本に向かおうとしたからである。北回りの安全性は、蝦夷の住地の沿岸を通過する以上、その協力の有無にかかっている。安全性が失われれば、

図16　福良津（石川県羽咋郡志賀町）

航路は変更せざるをえない。

　そこで選ばれたのが、日本側がすでに使っていた横断航路である。これもおそらく蝦夷政策が関連していて、蝦夷の住地を通過しないで済むように横断航路を恒常的に利用したと思われる。その航路は、遣渤海使船に「能登号」という名前がついていたり、能登半島西岸の福良《ふくら》（石川県志賀町福浦《ふくら》）で渤海使の帰路の船を作っていることなどから、日本から渤海に渡る場合は、能登半島西岸を北上して輪島《わじま》沖の舳倉島《へぐらじま》まで行き、そこから沖へ出て渡海するものだったと思われる。逆に日本に渡る場合は、大陸側に経由地となる島がないので、八世紀は、ポシェト湾で乗船しすぐ沖に出て北陸をめざしたか、南下して少し狭くなった南京南海府《なんけいなんかいふ》から北陸をめざしたか、のどちらかであろう。

ところが九世紀になると、日本と渤海の中間地点にある于山国《うざんこく》＝鬱陵島《ウルルンド》が、新羅の支配から離脱する。すると、南京南海府と山陰を結ぶ直線上に、鬱陵島、竹島／独島《トクド》、隠岐島《おきのしま》が並ぶ島伝い航路が可能となり、北陸と並んで山陰への横断直行航路が登場する。この航路は、鬱陵島あたりで少し東に向かえば、北陸に至ることも簡単で、北陸航路にも利用された可能性がある。一九九七年に隠岐島北東沖で沈没したロシア船籍のタンカー・ナホトカ号の船首部分は、沈没から五日後に福井県三国《みくに》に漂着したが、これはこうした考え方を補強する。

九世紀に横断航路が定着するのには、もう二つ要因がある。一つは、渤海が大型船を意識的に造るようになったことである。七九六年一〇月に帰国した遣渤海使は、渤海王大嵩璘《だいすうりん》の国書をもたらしたが、そのなかに「巨木棆《りん》材、土之《こ》れ長じ難く、小船にて汎海《はんかい》するに、没せずとも即ち危し」という句がある。注目は、渤海の地に巨木が育たないので小船で渡海するしかないと述べる点だが、これはあやしい。渤海の地の植生を見ると、船材に使える針葉樹林系の巨木が育つはずで、巨木にならないのは別の用途で民が勝手に木を切ってしまうからである。日本では八八三年に、能登福良の山木で渤海使帰国用の船を造るため、民の勝手な大木伐採を禁じているが、これは造船用の巨木の確保には国家権力による規制が必要だったことを物語る。大嵩璘の国書には、大型船のための巨木の必要性の認識がみえ、実際に規制が行われたから、二七年後に一〇〇人以上乗る大型船が登場するのである。

もう一つは、八二二年を最後に、日本の元日朝《ちょう》賀《が》の儀に外国使節が列席しなくなることである。これは日本側が、今までのような元日朝賀への参加要請をしなくなったからで、その背後には天皇固有の大権であった外交権への太政官の関与の増大が指摘されている（田島公「日本の律令国家と「賓礼」」『史林』六八―三、一九八五）。これにより渤海は、自己の都合で渡海時期を選べるようになり、北西季節風を確実に利用できる冬場に横断直行航路で来るようになるのである。

日本海の航路と渤海国の登場

少し渤海使の航路問題に深入りしすぎたので、渤海の登場が環日本海世界に何をもたらしたのかへ話を切り替えたい。

図17に四枚の地図を用意した。七世紀中葉〜一〇世紀中葉の約一〇〇年ごとの日本海の航路推定図である。まず七世紀の七航路をみると次のとおりである。

①黒竜江《こくりゅうこう》（アムール川）中下流域―サハリン―北海道北部
②ロシア沿海地方南部（シホテ・アリニ山脈東海岸）―北海道積丹《しゃこたん》半島周辺
③朝鮮半島北部東海岸（咸鏡道《ハムギョンド》一帯）〜ロシア沿海地方南部―北陸地方

図17　日本海の航路推定図

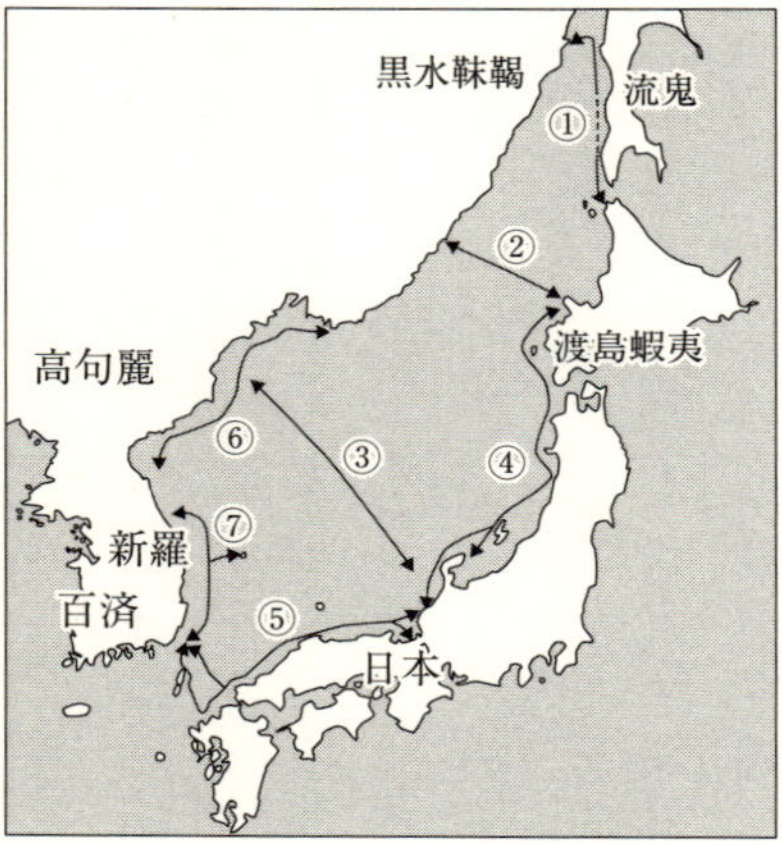

7 世紀中葉

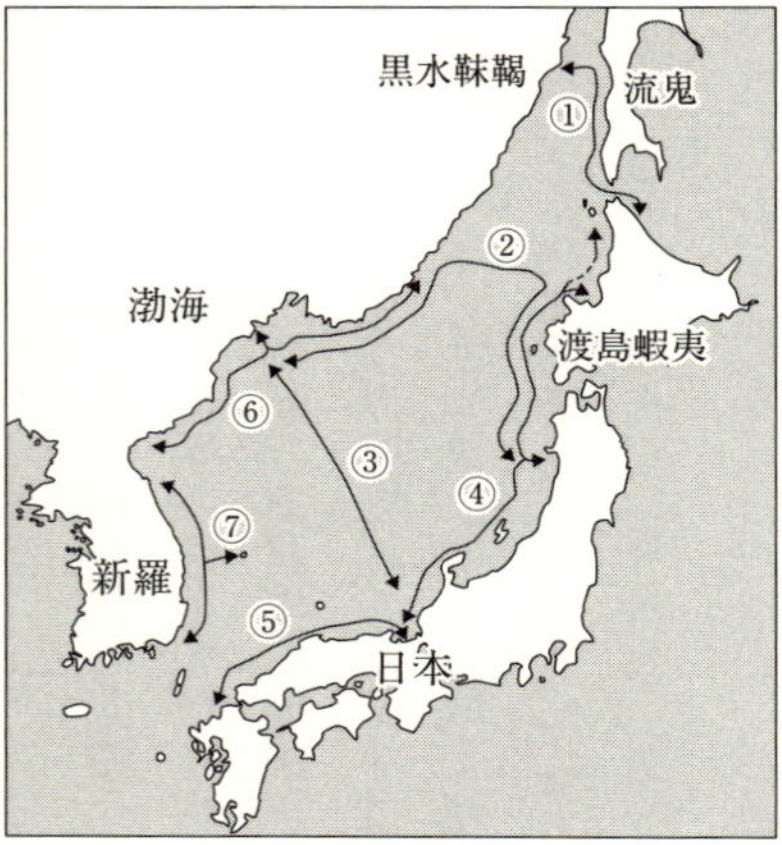

8 世紀中葉

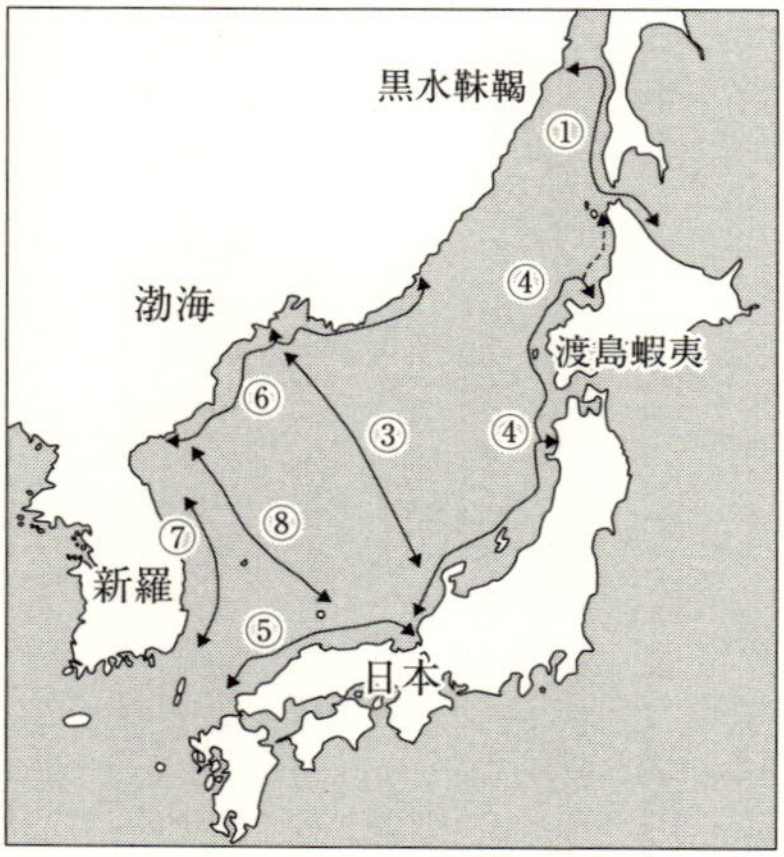

9 世紀中葉

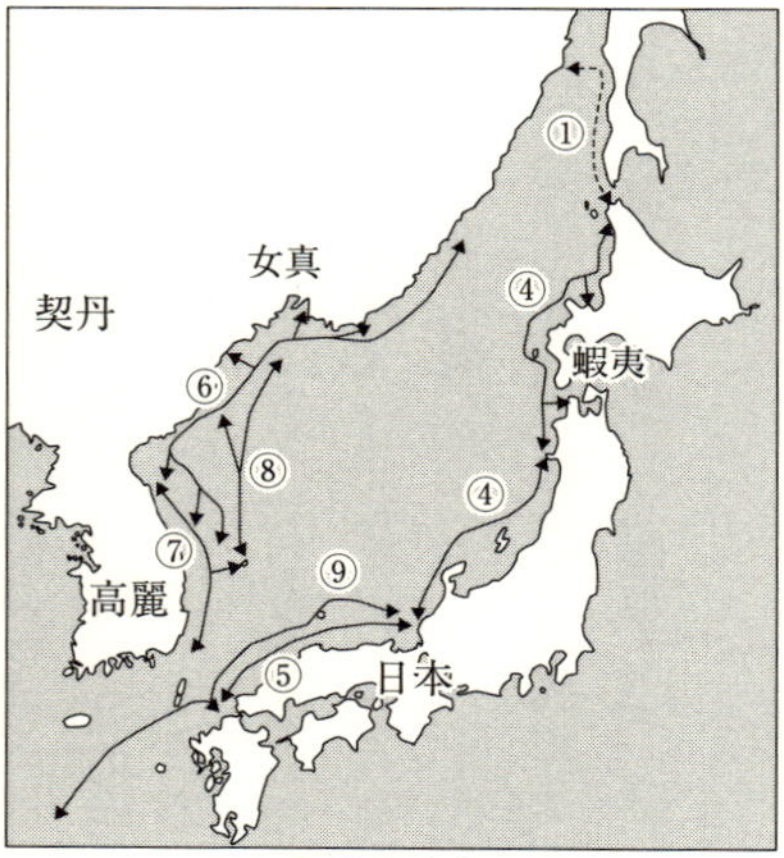

10世紀中葉

④北陸地方—出羽・津軽地方—北海道西海岸
⑤朝鮮半島南部—山陰地方—北陸地方
⑥ロシア沿海地方—朝鮮半島北部東海岸
⑦朝鮮半島中・南部東海岸—鬱陵島

もともとは国家の枠にとらわれない比較的自由な諸地域間の交流があったと想定されるが、この頃には新羅・倭などの国家が成熟してきており、各地域とその中央政府との間のルートが太くなる一方、国家間の国境地帯の交通は制限を受けるようになっていったと考えられる。

このあと、高句麗が滅亡し、新羅・日本は唐《とう》的な中央集権国家を指向し、遅れて渤海が誕生して同様の動きをする。これら律令国家は、領域内統合のために国境を明確化して窓口を限定し、そこに国境機能を有する機関を設置して、人・もの・情報の交流の管理・統制を行った。そのため、同一国家内とされた地域間の交流は、中央との交流を中心に促進された反面、国家外の地域との交流は希薄化する。

こうして再編成された状況が、八世紀中葉の図で、⑤から朝鮮半島南部—山陰間が遮断され、②は渤海使の北回り航路に変化し、④は蝦夷遠征によってさらに北に延びた。また、⑥についてはポシェト湾が内陸部への窓口の役割を果たし、その南北から船がここへ来るので、実質的にここを起点に南北二つの航路に分割された。ポシェト湾は、渤海の日本海側における一大港湾・物流基地といえる。また、国家を超えた交流は②③だけに集約されたが、これは、白山靺鞨を取り込んで北西日本海の制海権を手にした渤海によって北部靺鞨諸族の自由な海上交易活動が制限された結果である。先に見た渤海の首領制は、こうした渤海の海洋国家的性格によって支えられていたのである。

九世紀に入ると、先に見たような事情で、②がなくなり、⑧とした朝鮮半島北部東海岸—山陰地方の航路がこれに代わる。また、⑦のうちの鬱陵島への航路が消える。これらの変動はあるものの、九世紀中葉は八世紀の状況の延長線上で理解できる。

渤海国の滅亡と古代環日本海世界の終焉

渤海滅亡後、東丹国《とうたんこく》は渤海同様に日本と通交すべく、九二九年に使者を派遣したが、日本側に拒否された。大陸と日本列島を直接つなぐ日本海横断の直行航路はこれで消え、近代まで復活しない。また、東丹国の東遷で北西日本海の制海権を持つ国家権力がなくなり、靺鞨諸部の後身である女真《じょしん》の自由な活動が復活し、高麗《こうらい》の東海岸で侵攻や交易を行い、その延長で一〇一九年には日本の北九州にまで至って「刀伊《とい》の入寇《にゅうこう》」を引き起こす。注目すべきは、⑥の後継である女真の活動が、⑦の後継である高麗国内の通交と重なるとともに、高麗に朝貢し朝鮮半島との通交を再開した鬱陵島の于山《うざん》国にも及ぶことで、これは渤海使が使った⑧の一部である。⑧は完全に消えたのではなく、一部が女真に受け継がれ、その後も伝統的な航路として続いていく。

もう一つ日本海に起こった新たな事態は、東シナ海から中国船が京に近い敦賀《つるが》をめざして日本海に入り込んできたことで、これを図17では⑨とした。九世紀に活発化した東シナ海の商業活動が一〇世紀になって西南日本海にまで及ぶようになったということであり、東アジア交易圏の東端が西南日本海をも含むようになったということである。

要するに、一〇世紀に入って渤海が滅亡したことで、環日本海地域の航路は大きく変貌し、人・もの・情報の大きな流れであった南北横断航路が消え、東アジア交易圏が西から日本海を飲み込みだし、その影響を受けて日本列島沿いの東西ルートが発展するようになるのである。特に東西ルートの④は、⑨で運ばれた中国製品（銅銭・陶磁器）や日本の物資（金属器・珠洲焼《すずやき》・米など）を北方世界に運び、代わりにその特産品（鮭・昆布など）を日本に運んで発展し、日本と蝦夷《えぞ》の境界地帯である道南・津軽の繁栄を導くとともに、蝦夷の北方拡大によって再び東北アジアとつながるようになる。これがモンゴルのサハリン進出以降の北からの中国物資の日本流入や近世の山丹《さんたん》交易（黒竜江下流域の住民と樺太《からふと》アイヌとの間の交易）へと発展するのである。

このように環日本海世界の動向をみてくると、渤海は、比較的自由な環日本海世界内部の交流が、国家の管理・統制に収斂《しゅうれん》していく古代の流れの最後に位置し、その滅亡は、一つの独立したエリアであった古代の環日本海世界を崩壊させたといえるであろう。

環黄海・東シナ海世界のなかの渤海国

最後に、渤海の西南に広がる海域世界における渤海の歴史的位置をみてみたい。

黄海と東シナ海

渤海が唐への通交で頻繁に使ったのは黄海である。黄海は、中国大陸と朝鮮半島の間の海のうち、遼東《りょうとう》半島と山東《さんとう》半島を結ぶ渤海海峡以西の〝渤海〟（国名と混乱しないよう〝〟を付ける）を除いた部分をいう。南が大きく開いていて東シナ海と一連になっているが、済州《チェジュ》島と長江《ちょうこう》河口を結ぶ線以北が黄海、以南が東シナ海である。東シナ海は、朝鮮半島、九州、南西諸島、台湾で南側を太平洋と区切られており、黄海と東シナ海を合わせると、日本海のように完結した内海になる。そのため地理的条件でも、海上活動でも、一連のものとして説明する必要があり、この海域世界を環黄海・東シナ海世界と呼ぶこととした。

地理的条件だが、まず海流で研究者間共通の認識になっているのは、黒潮と黒潮反流だけである。黒潮は台湾の東沖から先島《さきしま》諸島のあたりを北上して東シナ海に入り、陸棚《りくだな》沿いに北東へ流れ、トカラ列島あたりで東流して太平洋に出る。黒潮反流は黒潮と南西諸島の間に流れる黒潮とは逆の流れである。黒潮には分流して北へ向かう流れがあり、これが対馬海流のもとになるが、五島《ごとう》列島あたりまでは流れが明確ではなく、分流かどうかについても研究者によって意見が異なる。さらにそこから分かれるとされる黄海暖流に至っては、水温と塩分分布からの推定で、実測ではない（前田明夫「東シナ海の海水の運動に関する研究のレビュー」『水産海洋研究』五三―三、一九八九）。そもそも東シナ海・黄海においては、海流よりも半日周期が変わる潮流の方が卓越しており、航海の問題を考えるとき、黒潮以外の海流はあまり考慮に入れる必要はない。

となると重要なのは風である。卓越風は、冬は北もしくは北西風、春は黄海では西風、東シナ海では北東風、夏は黄海では南風もしくは南東風、東シナ海では南西風から次第に南東風へと変わっていく。秋になると黄海では北風、東シナ海では北東風が吹く。年間のスパンで考えれば、朝鮮半島と中国江南《こうなん》の間を黄海・東シナ海を横断して往来するのはむずかしくない。遣唐使も、北東風を利用できれば唐への航海に難儀することはなかったが、正月朝賀に間に合わせるために風向きの悪い時期に無理して渡海したため、遭難を繰り返したのである。

海上交通の伝統と渤海国への海路

中国と朝鮮半島との間の通交では、古代より陸路よりも黄海・東シナ海を使った海路が使用された。中国の王朝が朝鮮半島に侵攻する場合は、常に大船団が海を渡った。漢《かん》の武帝《ぶてい》の衛氏《えいし》朝鮮攻略も、隋《ずい》の高句麗遠征も、そして唐の百済《ひゃくさい》・高句麗攻略や新羅遠征もそうで、山東半島を拠点に対岸の朝鮮半島へ黄海を横断した。同じ渡海路は、中国の南北朝時代には、朝鮮半島南部の百済・新羅の北朝への朝貢路《ちょうこうろ》として使われた。一方、百済は東晋《とうしん》・南朝《なんちょう》にも朝貢して冊封《さくほう》を受けたが、その航路は山東半島が北朝側に占領されていたときには耽羅《たんら》を経由して直接長江河口との間を結ぶものだったと推定される。

一方、中国と東北アジア北部との間の通交でも、古代からしばしば海路が使われた。そもそも山東半島と遼東半島の間は、海峡が狭いうえ、島嶼《とうしょ》が間をつなぐように並んでいて、島伝いに二つの半島の間を船で容易に往復できた。そのため原始から半島間の交流があり、稲作伝播の一つのルートとしても注目されてきた。さらにそこから延びる沿岸航路も早くから存在したとみられている。東北アジア北東部の内陸へは鴨緑江《おうりょくこう》が唯一の口として重要な役割を果たした。高句麗は、平壌遷都前から東晋の冊封を受け遣使していたが、これは集安《しゅうあん》から鴨緑江を下って黄海に出、山東半島もしくはそれより南へ黄海を南北に横断したとみられる。これら一部の例からも、黄海・東シナ海の海上交通は渤海成立前から盛んで、沿岸諸地域には海洋航海に必要な技術と知識が蓄積されていたと推定される。

このような黄海における海上交通の伝統を背景に、渤海と唐との通交のメインは海路であった。そのルートは、『新唐書《しんとうじょ》』地理志に引用された賈耽《かたん》『道里記《どうりき》』（八〇一年成立の『古今郡国県道四夷述《ここんぐんこくけんどうしいじゅつ》』の四夷述部分）の「登州海行入高麗・渤海道」に詳しく、それによれば、山東半島の登州《とうしゅう》から北に島伝いに遼東半島先端の都里鎮へ渡り、海岸沿いに鴨緑江河口に着き、そこから一〇〇里（約五六キロ）遡上《そじょう》してから小船に乗り換えてさらに三〇里遡ると渤海の国境の港・泊勺口《はくしゃくこう》に着く。ここから五〇〇里遡ると丸都県城《がんとけんじょう》（集安）、さらに二〇〇里で神州《しんしゅう》、そこから陸行して四〇〇里で天宝年間に都があった顕州《けんしゅう》（中京顕徳府《ちゅうきょうけんとくふ》）、さらに北に六〇〇里行くと渤海王城（上京竜泉府《じょうきょうりゅうせんふ》）に至るという。

渤海国の海軍基地

唐の対渤海通交の拠点は登州である。それは対渤海の軍事拠点たることも意味する。渤海建国時に討伐に向かった李楷固《りかいこ》らは、ここから海路遼東に入ったとみられるし、唐渤紛争の際に渤海がまず登州に先制攻撃をかけたのも、そこが軍事拠点だったからである。

渤海は、七三二年、登州を先制攻撃して陥落させただけでなく、その後の馬都山《ばとさん》の戦いでは、海路を使って渤海湾の奥深くに軍勢を届けた。ここから判断すれば、渤海はかなりの軍船・輸送船を持っていたと推定されるが、その数はわからない。また、それらの基地は、鴨緑江下流以外にはありえないが、泊勺口だと途中から小船で遡上しなければならず、ここに多くの軍船は留めおけない。とすれば、紛争当時、渤海は鴨緑江河口まで占領し、そこを海軍基地にしていたとみられる。

この渤海海軍は、以下の経緯から、唐渤紛争中に壊滅したと推定される。登州を攻略された唐は、新羅王族で宿衛《しゆくえい》となっていた金思蘭《キムサラン》を本国に派遣し、合同して海路より渤海を攻撃するよう命じるとともに、その王を寧海軍使に任命した。このときの使節団は、『三国遺事』によれば六〇四人という大人数で、皇帝の命を伝える使節以外に、護衛船団が付いていたとみられる（古畑徹「唐渤紛争の展開と国際情勢」『集刊東洋学』五五、一九八六）。護衛船団が必要だったのは、渤海が黄海北部の制海権を握っていたためであろう。

唐命を受けた新羅はその年の冬、唐軍と合同して海路より渤海の南境に攻め入った。しかし、大雪に遭い、かつ山道が険阻で狭隘《きょうあい》だったので、一〇万もの大軍の過半数を失って撤退した。このときの進撃路は、唐・新羅が海路合流する以上、黄海から攻め込むしかなく、大軍で山間部まで至れるとすれば、鴨緑江を遡るルートしかない。とすれば、記録にはないが、鴨緑江河口の渤海の海軍基地は唐・新羅連合軍に襲撃されて壊滅的打撃をこうむったはずで、だからこそ、連合軍は山間部まで入り込めたと推定されるのである。
渤海が唐渤紛争後、泊勺口に国境を設定したのも、こうした事情と関係するであろう。唐が新羅に寧海軍の軍額を与えた意味は、黄海北部の新羅の制海権を公認し、渤海のそれを許さないということである。渤海が唐と和平を結ぶ以上、これに服さねばならないが、鴨緑江河口に海軍を復活させれば、唐・新羅に対決の意思ありとみられかねない。そこで国境機能を有する場所を、鴨緑江を遡上した泊勺口とし、河口の海軍基地再建を放棄したと推定されるのである。ただ、鴨緑江河口を唐が実質支配したとは考え難く、おそらくそこは緩衝《かんしょう》地帯で、渤海としては何かあればいつでも占領できたであろう。

唐への朝貢品と交易品

海路運ばれた渤海の唐への朝貢品には、定番の人参・貂《てん》皮・鷹以外にも東北アジア北部の特徴ある産物が見られ、それは渤海の支配の進展と関係している。

渤海は七二〇年代には日本海岸を支配したとみられるが、それを反映するように、七二九年の朝貢品に鯔魚《しぎょ》（ぼら）、七三〇年に海豹《かいひょう》（あざらし）皮、七三八年に乾文魚（たこの干物）、七四〇年に昆布（これはコンブではなくワカメ類）が見える。どれも日本海側で採れる産物で、特に昆布は『新唐書』渤海伝に「南海の昆布」とあって日本海側の南京南海府の特産物であることが明記されている。これら海産物は、かつて濊が陸路で中国に運んだもので、これが渤海になって海路で運ばれるのが一般化したのである。

また、七三〇年の二月と五月に馬三〇匹を献じているが、馬も『新唐書』渤海伝に「率《そつ》賓《ぴん》の馬」と出てくる。率賓はロシア沿海地方南部だから、先に七二〇年代の対日通交開始前にはロシア沿海地方の海岸部が渤海の支配下に入っていたという推測を述べたが、それを傍証するものである。

馬については、朝貢品としてだけでなく、八世紀後半からは交易品としても史料に登場する。『新唐書』李正己《りせいき》伝には「渤海の名馬を市《か》い、歳《としごと》に絶えず、賦繇《ふよう》均約し、最も彊《きょう》大《だい》と号す」とあり、半独立藩鎮《はんちん》で、登州を管轄した淄青平盧節度使《しせいへいろせつどし》の李正己（在任：七六五～七八一）は、渤海の名馬を毎年購入して強盛《きょうせい》になったという。馬は、渤海滅亡後も女真の重要な交易品である。東北アジア北部奥地の名馬が、鴨緑江まで運ばれ、さらに海運で中国に運ばれるというルートが、渤海の時に確立したのである。

また、八三六年には、淄青節度使が「新羅・渤海の将《も》ち到れる熟銅（精錬されて純度の高い銅）は、請うらくは禁断せざらんことを」（『冊府元亀《さつぷげんき》』外臣部互市《ごし》）と奏請《そうせい》している。これは、諸蕃との互市禁止品目について再度禁令を出すよう京兆府《けいちょうふ》（首都長安の行政機関）が奏請したのに対し、禁止品目中に銅があったため、そこから淄青節度使に将来される新羅・渤海の熟銅をはずすよう願い出たものである。この史料は、単に渤海が銅を輸出していたというだけでなく、淄青節度使にとってそれがいかに重要であったかを物語る。実際、渤海の遺跡からは大量の銅製品が出土する。『新唐書』渤海伝によれば、銅州《どうしゅう》という中央政府直轄の独奏州《どくそうしゅう》もあり、そのことを考えると、渤海は銅生産を国家管理していたと推測される。先述の馬も軍需物資で国家が管理していたと推測されるから、渤海は国家として朝貢によって唐王朝と交易していただけでなく、淄青節度使とも国家として交易をしていたのである。そして先述の首領制の仮説に従えば、唐王朝及び淄青節度使との国家交易の主要な担い手が靺鞨の在地首長層＝首領ということになる。

なお、渤海の対唐遣使船は、沿岸航路を使うために小型船であったと推測される。証拠として、八七三年に日本の甑島《こしきしま》に漂着した渤海の対唐遣使船が二隻六〇名であったことがある。ただ、この使節団の隻数は本来もっと多かった可能性があり、六〇名を使節規模とはできず、むしろこれ以上と解釈すべきであろう。

また、円仁《えんにん》の『入唐求法巡礼行記《にっとうぐほうじゅんれいこうき》』によれば、登州城南の街東には渤海館があったという。これが渤海の使節のための客館《きゃっかん》であろうことは容易に想像がつくが、国家による交易団が想定されるなかでは、ここがその交易の場、つまり互市場になった可能性もある。

東アジア交易圏の萌芽と渤海商人

『入唐求法巡礼行記』は、八三〇・四〇年代における張保皐《チャンポゴ》ら新羅人の海上活動を具体的に伝える貴重な史料でもある。八世紀末頃から唐へ渡る新羅人が増加し、九世紀初には中国の黄海・東シナ海沿海部各地に新羅人社会が形成された。張保皐もそんな一人で、徐州《じょしゅう》武寧軍《ぶねいぐん》節度使の下級将校となり、在唐新羅人社会で人脈を形成した。八二〇年代前半に新羅に帰ると、朝鮮半島西南端の莞島《ワンド》を要塞化して海上交通の要衝を押さえ、国際交易を行って一大海上勢力へと成長した。八二八年には新羅王から清海鎮《せいかいちん》大使に任命され、その活動を公認されたが、王位継承争いに巻き込まれて八四一年に敗死する。彼の商人団は唐へ逃れて活動を続け、やがて中国商人と一体化していく。

八二〇～四〇年代の黄海・東シナ海は新羅商人たちの海であり、彼らはその後の東アジア交易圏を準備した存在として、高く評価されている。また、彼らの活動によって日本に唐の物資や情報が容易にもたらされるようになったため、遣唐使は事実上廃止され、渤海使・遣渤海使による日渤交流が担っていた唐とのバイパス的役割の重要性も低下した。これを背景に、遣渤海使は廃止され、渤海使には一二年一貢の年期が付けられたのである。

こうした九世紀の状況のなかで活動した渤海人商人が若干名確認できる。まず、八五三年に渡唐した円珍《えんちん》（八一四～八九一）の関係文書に出てくる「渤海国商主李延孝《りえんこう》・李英《りえい》覚《かく》」がいる。ただ、李延孝については「大唐商客」「本国（日本）商人」と記す史料もある。これらについて、「大唐商客」は「唐」に中国以外の外国を指す用例があることや唐を拠点に活動していれば「唐商」と記されてもおかしくはないことから、「日本商人」は天竺《てんじく》・広州《こうしゅう》産の物資を帯びて出国するために公的文書に書かれた便法と解されることから、彼の本来の出身を伝えるものではないと解されている（黄約瑟「〝大唐商人〟李延孝与九世紀中日関係」『歴史研究』一九九三―四）。また、「主」が集団のリーダーを意味することから、李延孝が渤海商人集団の代表だった可能性も指摘されている（鈴木靖民「渤海の遠距離交易と荷担者」『アジア遊学』六、一九九九）。彼は、円珍を唐に運んだのを含め、八度にわたって越州・台州《だいしゅう》と日本の間を往復しており、九世紀半ばには本国を離れて東シナ海交易圏で活動する渤海商人がいたことが知られるのである。

また、李光玄という商人が、『金液還丹百問訣《きんえきかんたんひやくもんけつ》』という道教文献に登場する。彼は二〇歳で故郷を離れ、「郷人《きようじん》（渤海人）」らの船に乗って中国沿海部で交易に従事した。その後、彼は渤海に帰郷するために渡海の船に乗ったところ、たまたま同乗していた一〇〇歳ばかりの「新羅・渤海・日本諸国を巡歴した」という中国人道士と会って話を聞き、道教修行の啓蒙を受け、東岸（朝鮮半島西海岸）に到着したところで新羅・渤海を巡歴しようとする道士と別れて故郷へ帰る。そして再度故郷を離れ、海外の雲島に隠遁し、一〇年後に雲島を離れて中華巡礼を始め、嵩山《すうざん》で玄寿という道士に遭い、仙人になるための練丹《れんたん》術《じゅつ》の奥義を伝授され、そこで玄寿が何処へともなく姿を消したところで話が終わる。この文献は、登場人物である李光玄の自述で、彼は唐末の人と推定されている（王勇「渤海商人李光玄について」『アジア遊学』六、一九九九）。この話も、本国を離れて活動する渤海商人および商人団の存在を証明するものである。

このほか、『入唐求法巡礼行記』開成四年（八三九）八月一三日条に、登州文登県《ぶんとうけん》の東北にある成山島に渤海の交関船一隻が停泊しているという噂話の記事がある。問題は交関船とは何かだが、同書開成四年六月二七日条には「張大使の交関船」とあり、これは張保皐の私貿易船を指す。とすれば、この交関船は、渤海の国家使節団の船ではなく、渤海商人の船を指すとみるべきであろう。

環黄海・東シナ海世界の変化と渤海国

環黄海・東シナ海世界の沿岸諸国家・諸地域をまたいだ交流の主役は、八世紀までは国家の使節団、もしくはその海軍であった。それが九世紀に入ると、主役の座はまず新羅の商人へ、ついで唐の商人へと変化していく。その背景には、唐における商工業の発展と王朝の財政国家化、そ れにともなう互市の重視と奨励のための出入国管理のルーズ化、さらに淄青節度使のような互市の権利を得た藩鎮による出入国管理の形骸化、新羅などの地方支配の崩壊による出入国管理の放棄といったさまざまな事情が絡んでいる。そのなかにあって渤海は、国境管理のあり方を環黄海・東シナ海世界の変化に対応させていったというより、この変化に対応しながら国境管理体制を作っていったと考えられる。

そもそも首領層を国家使節団に組み込んで交易の便を与えることで成立する渤海の首領制は、北部靺鞨支配の進展のなかで確立したものである。渤海が北部靺鞨諸族を領域に組み込むのが七四〇年代後半～五〇年代、それに対応して制度整備を行っていくのが七五〇～七〇年代、日本への渤海使の経済目的化が明確になるのが七七〇年代である。これを参考に対唐使節団への首領層の組み込み時期を考えると、それは七六三年の安史《あんし》の乱終結後と見なさざるをえず、七六七年の年間五回に及ぶ唐への朝貢はその反映と考えられる。それはちょうど李正己が登州を管理下に置き、毎年渤海との馬の取引を始めた時期である。唐朝への朝貢は諸事情で実施できないことがあるが、淄青節度使との互市は安定的に確保できたし、史料もそれを明記する。つまり、靺鞨の首領層を組み込んだ渤海の交易団による、唐王朝及び淄青節度使との交易は同時にスタートしたのであり、首領制は安史の乱後に登場した淄青節度使下での安定的な互市の存在を前提に整備されたと考えられるのである。

この戦略が環黄海・東シナ海の変化と合致したことにより、渤海は九世紀初に「海東の盛国」となる。それと同時に、新たに登場した東シナ海交易圏の商業活動に、渤海商人を輩出するようにもなる。彼らの輩出は、国家による交易団と同時並行なので、新羅のような国境管理の崩壊によるのではなく、時代状況に合わせて出入国管理のあり方が変わった結果とみるべきであろう。また、渤海の商人団も、在唐新羅人やその後継の唐商人とともに東アジア交易圏を生み出す一翼を担ったと評価することもできよう。

そして、こうした公私による渤海の活発な海上活動が、その滅亡後の黄海北部における契丹・女真の活発な交易活動につながっていく。一大交易圏へと発展する一〇世紀以降の環黄海・東シナ海世界のうち、黄海北部の部分の発展の礎《いしずえ》は渤海によって築かれたということも可能なのではないだろうか。

「歴史の争奪」を超えて——エピローグ

金毓黻の『渤海国志長編』

一九三一年九月二二日、四日前に起きた柳条湖《りゅうじょうこ》事件への対策を協議していた遼寧省《りょうねいしょう》政府主席臧式毅《ぞうしきき》の自宅に、突然日本の関東軍がやってきて、主人の臧式毅、ついでその腹心で同省教育庁長の金毓黻《きんいくふつ》を連行した。彼らは瀋陽《しんよう》の鮑文樾《ほうぶんえつ》宅に、その後三ヵ月間軟禁される。

軟禁当初、金毓黻は自殺を考えるほどの精神不安定に陥ったが、一一月三日夜、突然、今まで志しながらも実現できなかった渤海史の執筆を思いつく。彼は自宅から史料を取り寄せ、一一月一八日から書き始め、一二月一六日にその大体を書き終える。この間、わずか一ヵ月である。こうして撰述が始まったのが、中国初の本格的な渤海史書、『渤海国志《ぼっかいこくし》長編《ちょうへん》』である。

遼陽《りょうよう》郊外の漢軍旗人の家系に生まれた金毓黻は、苦学しながら北京大学を卒業し、故郷に戻って張作霖《ちょうさくりん》軍閥下で仕官した。彼はエリート官僚として出世する一方、早くより東北歴史地理研究の必要性を訴え、自らも研究を進め、一九二七年に『遼東文献徴略』を刊行してからは東北学術界のリーダーとなっていた。彼が東北歴史地理研究の最重要課題と考えていたのが、ほとんど不明な渤海の歴史を描くことだったが、公務に追われ、志を実現できなかったのである。奇しくも満洲事変による軟禁でそれが実現し、彼自身、運命の不思議を日記に書き留めている。

釈放後、彼は満洲国の要職への就任要請を断りながら、『渤海国志長編』の完成に向けて加筆訂正を重ねるが、翌年五月頃から執筆に詰まり始める。この頃、やむなく奉天《ほうてん》図書館副館長に就任するが、そのおかげで日本軍の監視も緩み、行動が自由になるとともに、稲葉君山《いなばくんざん》、鳥山喜一《とりやまきいち》、内藤湖南《ないとうこなん》などの日本人研究者との接触・交流が始まる。彼らは金の執筆意志に賛同し、史料提供や助言などの支援を惜しまなかった。その結果、彼は困難な時期を乗り切り、一九三四年五月、『渤海国志長編』が刊行される。その「識語《しきご》」には彼らへの謝辞があるが、金の日記からはそれが単なる外交辞令ではないことが読み取れる。

一方、金には、故郷を蹂躙《じゅうりん》した満洲国を絶対認めない、という強い意志があった。しかし、満洲国内の出版物にそれを示すことはできない。それでも何とか表現したい彼は、

『渤海国志長編』の附録地図の現在地名をすべて満洲国以前にしたうえで、附録地図の凡例を示す「叙例《じょれい》」の最後に「重光協洽之歳《じゅうこうきょうこう》（一九三二年）、嘉平之月《かへい》（一二月）、金毓黻識」と記した。地図製作は一九三三年一月、「叙例」初稿の執筆は一九三二年四月であることが日記からわかるので、この奥書の年月は虚構である。この虚構により、彼は地図の製作時期を満州国以前に見せかけたのである。また、その虚構の年月は軟禁が解かれたときである。彼は、事情を知るものにだけ、満洲事変での軟禁によってこの書物が生まれたことを伝えようとしたのである（古畑徹「金毓黻『渤海国志長編』の成立過程について」『東洋史研究』七六―二、二〇一七）。

この工作は功を奏し、日本側で金の「思い」に気づくものはいなかった。その結果、彼は次第に自由に動けるようになり、日本訪問中の一九三六年七月、神戸からこっそり船に乗って上海に脱出する。

「思い」と立場を超えるために

金毓黻の話からいきなり始めたのは、中国側の歴史理解に込められた研究者の「思い」を確認したかったからである。ただ、金の「思い」は今の中国の、渤海を満族《まんぞく》の先祖である靺鞨族が作った唐王朝の一地方民族政権という公式見解とは少し異なる。

現代中国の重要課題の一つが五六ある民族の統合だが、それを受けて歴史学には、現領域内の民族は、古来、中国の中原《ちゅうげん》王朝と密接不可分な関係にあったという歴史像の構築が求められている。これに従ったのが、先述の公式見解である。中国の研究者はこうした理解は金毓黻から継承したとするが、金は『渤海国志長編』を正史に準じる「別史《べっし》」に位置づけ、王朝の地方政権の歴史書を意味する「載記《さいき》」とはしていない。つまり、彼は渤海を唐の地方政権とは理解せず、独自王朝として金・清の系譜に位置づけようとしたのである。これは私が示した東北アジア史のなかの渤海理解に近い。

渤海のような複雑な要素を持つ国家の場合、一方の当事者の「思い」や立場だけで歴史を語るべきではない。それをするから「歴史の争奪」が発生する。だが、その一方でそうした「思い」や立場を否定すべきでもないと思う。相互に、それぞれが抱える「思い」や立場を理解し、各々の歴史像をある程度容認したうえで、あくまで過去の実像を明らかにすることを最優先に議論を重ねることが、異なる「思い」や立場の研究者同士が、それらに偏った歴史像を修正していける唯一の道に思える。そのためには、他者の「思い」や立場への正確な理解と、多様な歴史像——あくまで事実に基づくことが前提である——が併存しうるという認識が必要であろう。

本書は本来、この両者を追究するつもりで書き始めたが、私の力量不足で後者のみしか描けなかった。後者は、五つの地域枠組みからの渤海理解を示して多元的な歴史像を並立させる試みとして追究したが、どこまでうまくいったかはわからない。ただ、それらが並立しながらリンクしているということは、ある程度示せたのではなかろうか。

ちなみに、金毓黻の亡命後も、彼と親しかった日本人研究者は論文等でその研究を引用し続けるとともに、彼の亡命を非難する文章は書かなかった。金も日本の研究を批判はするが、研究者個人を批判する文章は残さなかった。それがお互いの「思い」や立場を理解したうえのことであるか否かは、今後の検討課題としたい。

あとがき

最初に「『渤海国とは何か』という本を書いてみませんか」というお誘いをいただいたとき、私にはタイトルに少し違和感があった。とはいえ、こんなチャンスはまたとないと思って引き受けたが、本書の構想を考えるうちに、これほど絶妙なタイトルはないと思えるようになった。

当初違和感があったのは、渤海国を「謎」や「幻」ととらえる、ロマンティシズム感覚のいくつかの概説や一般書に強い違和感があり、このタイトルだと自分も同じ罠に陥るのではと思ったからだ。実際にわからないことだらけなことは本書を読めばよくわかると思うが、それだけに「思い」を入れ込む余地が大きい。この余地に自分の「思い」を込めて渤海国像を描くとこの罠に陥りかねないと感じたのである。一方、渤海国と歴史的な関連性を有する現在の国家もここに「思い」を入れ込んでおり、そのためそれぞれに「渤海国とは何か」の公式見解が異なる。それはそのまま現実の政治的問題と直結し、渤海国を自国史のなかに独占しようとする「歴史の争奪」現象が起きている。こうした現状も「渤海国とは何か」という問いの対象になるのではないか。そう思えたとき、これは絶妙なタイトルだと思えたのである。

では、それをどう描くか。「歴史の争奪」の乗り越え方の一つに、国民国家の枠を超えた広域的な枠組で歴史をみるという方法がある。渤海については東北アジアという枠組の有効性が既に指摘されていた。吉川弘文館からもそうした提案をいただいたが、私には渤海の果たした歴史的役割は東北アジアの枠組だけでは収まりきらない気がしていた。こうしたもやもや感を整理すべく、金沢大学の特殊講義で既存の概説書を学生たちと一緒に読み、新しい一般書はどんな書き方にすれば私の感じていることが伝わり、かつ興味深く読めるかを議論した。そうして生まれたのが、プロローグで問題の所在を示し、基本事項を理解するための概説を最初に置き、そのあとで異なる視点からみたそれぞれの渤海像を、特にその視点における渤海国の歴史的な位置に留意しつつ描くという本書の構成である。その意味で、本書の構成はこの時の受講生との合作ともいえる。

そもそも私が渤海史研究を志したのは、今から約四〇年前、大学二年の終わり頃である。きっかけは、当時、東北大学の日本文化研究施設に居られた井上秀雄先生のある本の末尾にあった、渤海国を「古代朝鮮の一環として考察しなければならない」という一節を読んだことである。その時まで、受験で覚えたはずの渤海国は、私の記憶から「失われた王国」だったのであり、渤海国を朝鮮史の枠組で考えるというのも、この時まで思いもよらなかった。この衝撃が、よくわからないこの国を追究したいという強い衝動になった。

こうして私の「渤海国とは何か」の研究が始まったが、当初は井上先生の著書にあったような朝鮮史の枠組に依拠していた。しかしそれが、どうにも窮屈なのである。追究すればするほど、この枠組ではとらえきれないものが見えてくる。そのうち中国の見解も知られ、枠組自体の政治性も明瞭になると、私の問題関心は渤海国を理解する歴史の枠組自体へと拡大し、渤海国の見方も一国史観的枠組から解放されていった。ちょうど歴史学のあり方が大きく転換しつつあった一九八〇年代の終わり頃のことである。こうして私の「渤海国とは何か」の研究は第二段階に入り、いまに至っている。

この四〇年間の蓄積をどうわかりやすく示すか。これが次の課題だった。ここでまた金沢大学の授業や京都大学での集中講義を使い、受講生の意見を聞いた。それらは非常に参考になったが、分量超過により活かしきれなかった。受講生の皆さんには深く感謝している。また、こんなやりとりのため脱稿が大幅に遅れた。辛抱強く待ってくれた編集の岡庭由佳さんにも深く感謝している。さらに、表紙写真は金沢学院大学の小嶋芳孝教授、地図製作は首都大学東京の赤羽目匡由准教授の世話になった。記して感謝申し上げる。

最後に、金沢の地で本書が成ったことへの感慨を記しておきたい。私が奉職する金沢大学は、プロローグで紹介した鳥山喜一が校長として赴任した旧制四高の後身である。私は金沢に赴任するや、四高歴代校長の写真が飾ってある、石川近代文学館（現石川四高記念文化交流館）内の四高記念室に行き、鳥山の写真と対面した。その時ふっと、鳥山のように、渤海との縁が深い石川・金沢の地で渤海史の書物が書けたらという思いが、頭をよぎった。それから二七年。鳥山は赴任三年目で『失はれたる王国』をものにしたが、私はその九倍の時間がかかった。それでも何とか先学に恥じないものが書けたと思う。本書が出版されたら、そのことを鳥山の写真に報告に行きたいと思っている。

二〇一七年九月

金沢にて

古畑　徹

＊本書は基盤研究（C）「高句麗・渤海をめぐる中国・韓国の「歴史論争」克服のための基礎的研究」（課題番号二三五二〇八六一、平成二三〜二六年度）および同「中国の渤海史研究草創期についての史学史的研究—金毓黻を中心として—」（課題番号一五K〇二八九二、平成二七〜三〇年度）による研究成果の一部である。

「渤海国とは何か」を考えるための主要参考文献

執筆に当たって参照した日本語文献に限定した。

【渤海史概説】
朱国忱・魏国忠（佐伯有清監訳、濱田耕策訳）『渤海史』東方書店、一九九六年
東北亜歴史財団編（濱田耕策監訳、赤羽目匡由・一宮啓祥・井上直樹・金出地崇・川西裕也訳）『渤海の歴史と文化』明石書店、二〇〇九年
鳥山喜一『失はれたる王国―渤海国小史―』翰林出版、一九四八年
濱田耕策『渤海国興亡史』吉川弘文館、二〇〇〇年
古畑徹「渤海と日本」（武田幸男編『古代を考える　日本と朝鮮』吉川弘文館、二〇〇五年）

【渤海を主テーマとした研究書・研究論文・論文集】
赤羽目匡由『渤海王国の政治と社会』吉川弘文館、二〇一一年
『アジア遊学六　渤海と古代東アジア』勉誠出版、一九九九年
E．V．シャフクノフ「北東アジア民族の歴史におけるソグド人の黒貂の道」（『東アジアの古代文化』九六、一九九八年）

李佑成（鶴園裕訳）「南北国時代と崔致遠」（旗田巍監訳、鶴園裕他訳『韓国の歴史像　乱世を生きた人と思想』平凡社、一九八七年）
石井正敏『日本渤海関係史の研究』吉川弘文館、二〇〇一年
小嶋芳孝「蝦夷とユーラシア大陸の交流」（鈴木靖民編『古代蝦夷の世界と交流』名著出版、一九九六年）
酒寄雅志『渤海と古代の日本』校倉書房、二〇〇一年
佐藤信編『日本と渤海の古代史』山川出版社、二〇〇三年
鈴木靖民「渤海の首領制に関する予備的考察」（『古代対外関係史の研究』吉川弘文館、一九八五年）
田村晃一編『東アジアの都城と渤海』財団法人東洋文庫、二〇〇五年
東北亜歴史財団編著（羅幸柱監訳、橋本繁訳）『古代環東海交流史二　渤海と日本』明石書店、二〇一五年
朴時亨（朴鐘鳴訳）「渤海史研究のために」（旗田巍・井上秀雄編『古代朝鮮の基本問題』学生社、一九七四年）
古畑徹「後期新羅・渤海の統合意識と境域観」（『朝鮮史研究会論文集』三六、一九九八年）
古畑徹「戦後日本における渤海史の歴史枠組みに関する史学史的考察」（『東北大学東洋史論集』九、二〇〇三年）
古畑徹「歴史の争奪―中韓高句麗歴史論争を中心に―」（『メトロポリタン史学』六、二〇一〇年）
古畑徹「唐王朝は渤海をどのように位置づけていたか―中国「東北工程」における「冊封」の理解をめ

ぐって―」(『唐代史研究』一六、二〇一三年)
古畑徹「『金毓黻『渤海国志長編』の成立過程について」(『東洋史研究』七六―二、二〇一七年)
三上次男『高句麗と渤海』吉川弘文館、一九九〇年
森安孝夫「渤海から契丹へ」(井上光貞編『東アジア世界における日本古代史講座七　東アジアの変貌と日本律令国家』学生社、一九八二年)
李成市「渤海史をめぐる民族と国家」(『歴史学研究』六二六、一九九一年)

【その他の文献】

荒川慎太郎・澤本光弘・高井康典行・渡辺健哉編『アジア遊学一六〇　契丹［遼］と一〇～一二世紀の東部ユーラシア』勉誠出版、二〇一三年
荒野泰典・川越泰博・鈴木靖民・村井章介編『アジア遊学二一四　前近代の日本と東アジア　石井正敏の歴史学』勉誠出版、二〇一七年
井上直樹『帝国日本と〈満鮮史〉―大陸政策と朝鮮・満洲認識―』塙書房、二〇一三年
金子修一『隋唐の国際秩序と東アジア』名著刊行会、二〇〇一年
高井康典行『渤海と藩鎮―遼代地方統治の研究―』汲古書院、二〇一六年
『西嶋定生東アジア史論集三　東アジア世界と冊封体制』岩波書店、二〇〇二年
中見立夫「〝東北／北東アジア〟はどのように、とらえられてきたか」(『「満蒙問題」の歴史的構図』東京大学出版会、二〇一三年)

旗田巍「満鮮史の虚像」(『日本人の朝鮮観』勁草書房、一九六九年)
堀敏一『中国と古代東アジア世界—中華世界と諸民族—』岩波書店、一九九三年
蓑島栄紀『古代国家と北方社会』吉川弘文館、二〇〇一年
森部豊『ソグド人の東方活動と東ユーラシア世界の歴史的展開』関西大学出版部、二〇一〇年
森安孝夫『シルクロードと唐帝国』講談社、二〇〇七年
矢木毅『韓国・朝鮮史の系譜—民族意識・領域意識の変遷をたどる—』塙書房、二〇一二年
李成市『古代東アジアの民族と国家』岩波書店、一九九八年
李成市『東アジア文化圏の形成』山川出版社、二〇〇〇年

著者紹介

一九五八年、東京都に生まれる
一九八一年、東北大学文学部史学科卒業
一九八七年、東北大学大学院博士課程後期単位取得退学
現在、金沢大学人間社会研究域歴史言語文化学系教授

主要論文

「七世紀末から八世紀初にかけての新羅・唐関係―新羅外交史の一試論―」（『朝鮮学報』一〇七輯、一九八三年）
「金毓黻『渤海国志長編』の成立過程について」（『東洋史研究』第七六巻第二号、二〇一七年）

歴史文化ライブラリー
458

渤海国とは何か

二〇一八年（平成三十）一月一日　第一刷発行

著　者　古《ふる》畑《はた》　徹《とおる》

発行者　吉川道郎

発行所　株式会社 吉川弘文館
東京都文京区本郷七丁目二番八号
郵便番号一一三―〇〇三三
電話〇三―三八一三―九一五一〈代表〉
振替口座〇〇一〇〇―五―二四四
http://www.yoshikawa-k.co.jp/
印刷＝株式会社 平文社
製本＝ナショナル製本協同組合
装幀＝清水良洋・陳湘婷

© Tōru Furuhata 2018. Printed in Japan
ISBN978-4-642-05858-2

JCOPY 〈(社)出版者著作権管理機構 委託出版物〉
本書の無断複写は著作権法上での例外を除き禁じられています．複写される場合は，そのつど事前に，(社)出版者著作権管理機構（電話 03-3513-6969，FAX 03-3513-6979，e-mail: info@jcopy.or.jp）の許諾を得てください．

歴史文化ライブラリー

1996. 10

刊行のことば

現今の日本および国際社会は、さまざまな面で大変動の時代を迎えておりますが、近づきつつある二十一世紀は人類史の到達点として、物質的な繁栄のみならず文化や自然・社会環境を謳歌できる平和な社会でなければなりません。しかしながら高度成長・技術革新にともなう急激な変貌は「自己本位な刹那主義」の風潮を生みだし、先人が築いてきた歴史や文化に学ぶ余裕もなく、いまだ明るい人類の将来が展望できていないようにも見えます。このような状況を踏まえ、よりよい二十一世紀社会を築くために、人類誕生から現在に至る「人類の遺産・教訓」としてのあらゆる分野の歴史と文化を「歴史文化ライブラリー」として刊行することといたしました。

小社は、安政四年（一八五七）の創業以来、一貫して歴史学を中心とした専門出版社として書籍を刊行しつづけてまいりました。その経験を生かし、学問成果にもとづいた本叢書を刊行し社会的要請に応えて行きたいと考えております。

現代は、マスメディアが発達した高度情報化社会といわれますが、私どもはあくまでも活字を主体とした出版こそ、ものの本質を考える基礎と信じ、本叢書をとおして社会に訴えてまいりたいと思います。これから生まれでる一冊一冊が、それぞれの読者を知的冒険の旅へと誘い、希望に満ちた人類の未来を構築する糧となれば幸いです。

吉川弘文館

歴史文化ライブラリー

世界史

中国古代の貨幣 お金をめぐる人びとと暮らし——柿沼陽平
渤海国とは何か——古畑 徹
黄金の島 ジパング伝説——宮崎正勝
琉球と中国 忘れられた冊封使——原田禹雄
古代の琉球弧と東アジア——山里純一
アジアのなかの琉球王国——高良倉吉
琉球国の滅亡とハワイ移民——鳥越皓之
魔女裁判 魔術と民衆のドイツ史——牟田和男
フランスの中世社会 王と貴族たちの軌跡——渡辺節夫
ヒトラーのニュルンベルク 第三帝国の光と闇——芝 健介
人権の思想史——浜林正夫
グローバル時代の世界史の読み方——宮崎正勝

考古学

タネをまく縄文人 最新科学が覆す農耕の起源——小畑弘己
農耕の起源を探る イネの来た道——宮本一夫
O脚だったかもしれない縄文人 人骨は語る——谷畑美帆
老人と子供の考古学——山田康弘
〈新〉弥生時代 五〇〇年早かった水田稲作——藤尾慎一郎
交流する弥生人 金印国家群の時代の生活誌——高倉洋彰
文明に抗した弥生の人びと——寺前直人
樹木と暮らす古代人 木製品が語る弥生・古墳時代——樋上 昇
古 墳——土生田純之
東国から読み解く古墳時代——若狭 徹
神と死者の考古学 古代のまつりと信仰——笹生 衛
土木技術の古代史——青木 敬
国分寺の誕生 古代日本の国家プロジェクト——須田 勉
銭の考古学——鈴木公雄

古代史

邪馬台国 魏使が歩いた道——丸山雍成
邪馬台国の滅亡 大和王権の征服戦争——若井敏明
日本語の誕生 古代の文字と表記——沖森卓也
日本国号の歴史——小林敏男
古事記のひみつ 歴史書の成立——三浦佑之
日本神話を語ろう イザナキ・イザナミの物語——中村修也
東アジアの日本書紀 歴史書の誕生——遠藤慶太
〈聖徳太子〉の誕生——大山誠一
倭国と渡来人 交錯する「内」と「外」——田中史生
大和の豪族と渡来人 葛城・蘇我氏と大伴・物部氏——加藤謙吉
白村江の真実 新羅王・金春秋の策略——中村修也
よみがえる古代山城 国際戦争と防衛ライン——向井一雄

各冊一七〇〇円～二〇〇〇円（いずれも税別）

歴史文化ライブラリー

よみがえる古代の港 古地形を復元する ― 石村 智
古代豪族と武士の誕生 ― 森 公章
飛鳥の宮と藤原京 よみがえる古代王宮 ― 林部 均
出雲国誕生 ― 大橋泰夫
古代出雲 ― 前田晴人
エミシ・エゾからアイヌへ ― 児島恭子
古代の皇位継承 天武系皇統は実在したか ― 遠山美都男
持統女帝と皇位継承 ― 倉本一宏
古代天皇家の婚姻戦略 ― 荒木敏夫
高松塚・キトラ古墳の謎 ― 山本忠尚
壬申の乱を読み解く ― 早川万年
家族の古代史 恋愛・結婚・子育て ― 梅村恵子
万葉集と古代史 ― 直木孝次郎
地方官人たちの古代史 律令国家を支えた人びと ― 中村順昭
古代の都はどうつくられたか 中国・日本・朝鮮・渤海 ― 吉田 歓
平城京に暮らす 天平びとの泣き笑い ― 馬場 基
平城京の住宅事情 貴族はどこに住んだのか ― 近江俊秀
すべての道は平城京へ 古代国家の〈支配の道〉 ― 市 大樹
都はなぜ移るのか 遷都の古代史 ― 仁藤敦史
聖武天皇が造った都 難波宮・恭仁宮・紫香楽宮 ― 小笠原好彦
天皇側近たちの奈良時代 ― 十川陽一
悲運の遣唐僧 円載の数奇な生涯 ― 佐伯有清
遣唐使の見た中国 ― 古瀬奈津子
古代の女性官僚 女官の出世・結婚・引退 ― 伊集院葉子
平安朝 女性のライフサイクル ― 服藤早苗
平安京のニオイ ― 安田政彦
平安京の災害史 都市の危機と再生 ― 北村優季
平安京はいらなかった 古代の夢を喰らう中世 ― 桃崎有一郎
天台仏教と平安朝文人 ― 後藤昭雄
藤原摂関家の誕生 平安時代史の扉 ― 米田雄介
安倍晴明 陰陽師たちの平安時代 ― 繁田信一
平安時代の死刑 なぜ避けられたのか ― 戸川 点
古代の神社と祭り ― 三宅和朗
時間の古代史 霊鬼の夜、秩序の昼 ― 三宅和朗

中世史

列島を翔ける平安武士 九州・京都・東国 ― 野口 実
源氏と坂東武士 ― 野口 実
熊谷直実 中世武士の生き方 ― 高橋 修
頼朝と街道 鎌倉政権の東国支配 ― 木村茂光
鎌倉源氏三代記 一門・重臣と源家将軍 ― 永井 晋
鎌倉北条氏の興亡 ― 奥富敬之
三浦一族の中世 ― 高橋秀樹

歴史文化ライブラリー

都市鎌倉の中世史 吾妻鏡の舞台と主役たち——秋山哲雄
源 義経——元木泰雄
弓矢と刀剣 中世合戦の実像——近藤好和
騎兵と歩兵の中世史——近藤好和
その後の東国武士団 源平合戦以後——関 幸彦
声と顔の中世史 戦さと訴訟の場景より——蔵持重裕
運 慶 その人と芸術——副島弘道
乳母の力 歴史を支えた女たち——田端泰子
荒ぶるスサノヲ、七変化〈中世神話〉の世界——斎藤英喜
曽我物語の史実と虚構——坂井孝一
親 鸞——平松令三
親鸞と歎異抄——今井雅晴
神や仏に出会う時 中世びとの信仰と絆——大喜直彦
神風の武士像 蒙古合戦の真実——関 幸彦
鎌倉幕府の滅亡——細川重男
足利尊氏と直義 京の夢、鎌倉の夢——峰岸純夫
高 師直 室町新秩序の創造者——亀田俊和
新田一族の中世「武家の棟梁」への道——田中大喜
地獄を二度も見た天皇 光厳院——飯倉晴武
東国の南北朝動乱 北畠親房と国人——伊藤喜良
南朝の真実 忠臣という幻想——亀田俊和

中世の巨大地震——矢田俊文
大飢饉、室町社会を襲う！——清水克行
贈答と宴会の中世——盛本昌広
中世の借金事情——井原今朝男
庭園の中世史 足利義政と東山山荘——飛田範夫
出雲の中世 地域と国家のはざま——佐伯徳哉
土一揆の時代——神田千里
山城国一揆と戦国社会——川岡 勉
中世武士の城——齋藤慎一
武田信玄——平山 優
歴史の旅 武田信玄を歩く——秋山 敬
戦国大名の兵粮事情——久保健一郎
戦乱の中の情報伝達 使者がつなぐ中世京都と在地——酒井紀美
戦国時代の足利将軍——山田康弘
名前と権力の中世史 室町将軍の朝廷戦略——水野智之
戦国貴族の生き残り戦略——岡野友彦
鉄砲と戦国合戦——宇田川武久
検証 長篠合戦——平山 優
織田信長と戦国の村 天下統一のための近江支配——深谷幸治
よみがえる安土城——木戸雅寿
検証 本能寺の変——谷口克広

歴史文化ライブラリー

加藤清正 朝鮮侵略の実像――北島万次
落日の豊臣政権 秀吉の憂鬱、不穏な京都――河内将芳
北政所と淀殿 豊臣家を守ろうとした妻たち――小和田哲男
豊臣秀頼――福田千鶴
偽りの外交使節 室町時代の日朝関係――橋本 雄
朝鮮人のみた中世日本――関 周一
ザビエルの同伴者 アンジロー 戦国時代の国際人――岸野 久
海賊たちの中世――金谷匡人
アジアのなかの戦国大名 西国の群雄と経営戦略――鹿毛敏夫
琉球王国と戦国大名 島津侵入までの半世紀――黒嶋 敏
天下統一とシルバーラッシュ 銀と戦国の流通革命――本多博之

民俗学・人類学

日本人の誕生 人類はるかなる旅――埴原和郎
倭人への道 人骨の謎を追って――中橋孝博
神々の原像 祭祀の小宇宙――新谷尚紀
女人禁制――鈴木正崇
役行者と修験道の歴史――宮家 準
鬼の復権――萩原秀三郎
幽霊 近世都市が生み出した化物――髙岡弘幸
雑穀を旅する――増田昭子
川は誰のものか 人と環境の民俗学――菅 豊
名づけの民俗学 地名・人名はどう命名されてきたか――田中宣一
番と衆 日本社会の東と西――福田アジオ
記憶すること・記録すること 聞き書き論ノート――香月洋一郎
番茶と日本人――中村羊一郎
踊りの宇宙 日本の民族芸能――三隅治雄
柳田国男 その生涯と思想――川田 稔
海のモンゴロイド ポリネシア人の祖先をもとめて――片山一道

▽残部僅少の書目も掲載してあります。品切の節はご容赦下さい。
▽品切書目の一部について、オンデマンド版の販売も開始しました。
詳しくは出版図書目録、または小社ホームページをご覧下さい。